학교를 살리는
회복적 생활교육

학교를 살리는 회복적 생활교육

초판 1쇄 발행 2019년 12월 31일
초판 4쇄 발행 2021년 10월 31일

지은이 김민자 이순영 정선영
펴낸이 김승희

기획 정광일
기획편집 이지안
북디자인 김정숙

인쇄제본 (주)신화프린팅
종이 (주)명동지류

주소 서울시 양천구 목동동로 293, 22층 2215-1호
전화 02) 3141-6553
팩스 02) 3141-6555
출판등록 2008년 3월 18일 제313-1990-12호
이메일 gwang80@hanmail.net
블로그 http://blog.naver.com/dkffk1020

ISBN 979-11-5930-130-8 03370

이 도서의 국립중앙도서관 출판예정도서목록(CIP)은
서지정보유통지원시스템 홈페이지(http://seoji.nl.go.kr)와
국가자료종합목록시스템(http://www.nl.go.kr/kolisnet)에서 이용하실 수 있습니다.
(CIP제어번호 : CIP2019053232)

학교를
살리는

회복적 생활교육

김민자 이순영 정선영 지음

살림터

목차

無信不立-신뢰를 기반으로 한
회복적 생활교육이 만개하길 바라며

현장 교사에게 가장 어려운 점을 꼽으라면 생활교육의 어려움을 말합니다. 학생들은 교사의 권위에 수시로 딴지를 걸고 일방적인 지도방식에 저항합니다. 교사는 기존의 지도방법이 더 이상 작동하지 않는 현실 앞에서 절망하며 교육할 의지를 잃어버립니다.

김민자 수석선생님은 기존의 생활지도 방식이 그 효용성을 상실한 학교현장에서 회복적 생활교육을 선행적으로 연구하고 실천하였습니다. 그의 앞선 실천을 통하여 우리는 회복적 정의가 가진 가치의 힘을 볼 수 있었습니다. 그의 선행연구의 결과물이 생활지도를 어떻게 해야 할지 고민하는 우리에게 생활교육에 대한 인식의 변화를 가져올 것이라 확신합니다.

그의 길을 따라 걸어보기를 권합니다. 그와 함께 걷다 보면 자연스럽게 단절된 관계가 연결과 공감으로, 협력과 존중의 신뢰 관계로 바뀌는 것을 경험하게 될 것입니다. 회복적 생활교육을 실천하는 과정이 쉽지만은 않습니다. 생각지도 못한 어려움과 좌절이 있을 것입니다. 그럴 때 이 책『학교를 살리는 회복적 생활교육』이 길라잡이가 될 것이라고 믿습니다

_김병남, 회복학교를 꿈꾸는 학다리중앙초 교장

회복적 생활교육이 국내 교육현장에 소개된 것은 불과 4, 5년 전인 2010년 중반이었습니다. 그런데 회복적 생활교육의 전파력은 경이로울 만큼 빨랐습니다. 이곳저곳에서 스스로 적용해보고 자신들의 경험을 나누는 책이 출간되니 매우 고무적인 현상입니다. 이 책은 몇 가지 중요한 교훈을 말해줍니다.

첫째, 회복적 생활교육의 실천은 스마트하고 능력이 남다른 교사만 가능한 것이 아니라는 것입니다. 교사의 능력보다는 회복

적 생활교육의 원리와 그 가치를 공감하며 신실하게 믿고 나아갈 때 누구나 가능하다는 것을 알게 합니다. 둘째, 회복적 생활교육은 말 그대로 생활교육이라 삶으로 살아야 한다는 것입니다. 체험하지 않고 책이나 워크숍으로 듣고 아는 것으로 회복적 생활교육을 안다고 말할 수 없습니다. 이론이나 이해로는 그 힘과 능력을 발휘하지 못합니다. 자신이 실제로 적용해서 경험으로 나올 때, 심장이 뛰고 삶의 변화가 나타나는 것입니다. 셋째, 회복적 생활교육은 개인의 자기 결단으로 시작하지만, 회복적 시스템 구축의 중요성을 확인시키고 있습니다. 이 책이 증명하듯이 회복적생활교육연구회, 전문적학습공동체, 혹은 교사공감모임 등을 통한 공동의 실천과 격려, 지지의 필요성이 지속가능하게 하고 개인을 발전시킵니다.

흥미롭게도 이 책은 회복적 콘퍼런싱 모델에서 사용하는 5가지 절차적인 질문, 즉 회복적 성찰 질문들을 가지고 목차를 배열했습니다. 이 중요한 질문 5가지를 통해 회복적 생활교육이 학교현장에 어떻게 접목되었는지를, 저자가 이해하기 쉽고 눈에 그릴 수 있는 방식으로 서술했기 때문에 훌륭한 길잡이가 될 것입니다.

_박성용, 비폭력평화물결 대표, 「회복적서클 가이드 북」 저자

회복적 생활교육의 핵심은 공동체, 관계, 대화입니다. 특히 공동체는 힘의 원천이며, 연대를 의미하지요. 성찰하는 공동체가 어떻게 태어났고, 어떻게 성장하고 있으며, 더 나아가 세상에 어떻게 기여하고 있는지를 잘 살펴볼 수 있는 소중한 글을 써주셔서 참 고마운 마음입니다. 나눠주신 진솔한 고백과 경험들이 평화와 정의를 세워가고자 하는 분들과 아이들이 자라고 있는 학교라는 공동체에 희망이 되리라 기대합니다.

_박숙영, (사)좋은교사 회복적생활교육센터장, 『회복적 생활교육을 만나다』 저자

한국사회에서 회복적정의운동을 이끌면서 사회 곳곳에서 회복적 정의 패러다임을 실천하는 사람들을 만나는 것은 가슴 벅찬 보람이고 반가운 일입니다. 학교현장에서도 회복적 생활교육을 시도하고 있는 교사들이 늘면서 비록 느리지만 학교문화를 서서히 바꾸고 있다고 확신합니다. 이 책은 회복적 생활교육을 접하고 나름대로 시도한 경험과 그를 통한 확신을, 비슷한 고민을 하고 있는 다른 교사들과 나누고 싶은 마음에서 쓴 것입니다. 회복적 생활교육이 더 이상 새로운 생각이 아니라 학교의 일상이 되는, 그 멋진 꿈에 이 자료가 귀하게 사용되기를 바랍니다.

_이재영, (사)한국회복적정의협회 한국평화교육훈련원(KOPI) 원장

교사와 학생의 가이드러너, 회복적 생활교육

"회복적 생활교육이 도대체 무엇이기에 그렇게 열심히 하세요?"

다들 그렇게 물었다. 도대체 무엇이 그토록 나를 회복교육에 미치게 했는지, 어떻게 한 명이 두 명이 되고, 두 명이 네 명이 되고, 곧 이어서 수십 명의 회복공동체로 연결되었는지, 그 이유를 알고 싶어 했다. 나는 우리 회원들의 생각이 더 궁금하여 올여름 정기 워크숍에서 회원들에게 물었다. 그리고 한 회원의 고백이 나를 울렸다.

"여러분은 왜 이렇게 회복 공부만 열리면 달려오시나요?"

"제가 여기에 달려오는 이유는 환대 때문인 것 같아요. 언제든지 두 팔을 벌려 환대해주는 우리 회원들이 있는 이곳은 저에게 치유의 공간입니다. 올 때마다 제가 치유 받아요. 마치 제가 온몸

으로 비를 맞고 걸어가는데, 제 옆에서 같이 비를 맞으면서 걸어
가주는 사람처럼 우리 회복공동체가 저에게 그래요."

"그랬군요! 그런데 궁금해요. 왜 우산을 쓰지 않고 비를 맞아
요?"

"빗속에서는 눈치를 보지 않고 마음껏 울 수가 있거든요. 그래
서 우산은 필요 없어요. 기꺼이 저의 파트너가 되어 준 우리 공동
체 회원이 제 옆에서 비를 맞으면서 동행해주니까요. 같이 엉엉
울면서요. 그래서 회복적 생활교육을 배우러 오는 시간이 마냥 좋
아요."

그랬다! 자기 우산을 접고 기꺼이 비를 맞으며 동행해주는 사
람이 있는 공동체가 곧 회복적 생활교육 그 자체였다. 나를 온전
히 받아주는 회복공동체가 있어서 벅차게 차오르는 뜨거움으로
울었고, 또 깔깔대며 웃다 보면 어느새 마음이 치유가 되었다. 그
렇게 치유되고 회복된 마음을 가지고 교실로 돌아가서 다시 학생
들을 만날 수 있었다.

회복적 생활교육을 만나기 전에는 학생들을 대할 때 어떻게 사
랑을 표현해야 하는지, 용서는 어떻게 해야 하는지, 갈등을 어떻
게 전환해야 하는지를 잘 알지 못했다. 그래서 사랑이라는 이름으
로 참 못나게 사랑 아닌 사랑을 했다. 회복공동체는 그런 아쉬운
내 모습을 직면하고 다시 마주 할 수 있는 힘을 준다. 회복적 학습
공동체가 교육공동체가 되고 어느 순간에 인생공동체가 된 것이
다. 그 소중한 발자국들을 기록하고 나누고 싶었다. 이 나눔이 또

다른 공동체를 꿈꾸는 이에게 먼저 내딛은 발자국으로 이해된다면 참 기쁘겠다.

이 책의 근간이 되는 '회복적 정의'와 '회복적 생활교육'을 간단하게 소개한다.

회복적 정의(Restorative Justice)는 잘못된 행동이 발생했을 때 당사자가 자발적 책임을 지도록 하며, 피해자와 공동체의 구성원들이 참여하여 그 피해가 최대한 회복되었을 때 정의가 이루어진다는 신념이다. 회복적 정의의 아버지인 하워드 제어(Howard Zehr)는 '회복적 정의는 약도가 아니라 나침반이다.'라고 했다. 이처럼 회복적 정의는 우리가 살아가야 할 하나의 철학이자 패러다임이다.

회복적 생활교육은 회복적 정의의 패러다임 위에 세워진 생활교육 방식이다. 회복적 생활교육은 잘못에 대해 처벌하는 것을 넘어서 학생과 공동체의 성장과 변화를 목표로 회복적 정의의 패러다임을 학교현장에서 실천하는 것이다. '존중과 책임', '관계'라는 회복적 생활교육의 핵심 가치는 회복적 정의의 나침반에 따라 살아가다보면 공동체라는 열매를 맺게 한다. 회복적 생활교육은 언제 어디서든 발생하는 갈등의 문제를 평화적으로 전환할 수 있게 한다. 사람과의 관계에서도 상호존중을 하게 되며 자발적 책임의 문화를 만들어갈 수 있다. 이처럼 회복적 생활교육은 단순한 생활지도를 넘어서서 학교와 가정, 나아가 도시(마을) 공동체를 회복하는 과정이기도 하다.

이 책은 모두 다섯 개의 장으로 구성되어 있다.

1장은 개인이 만난 회복적 생활교육에 관한 것이다. 회복을 만나기 전의 모습과 회복을 만난 후 자신의 가치와 신념이 어떻게 변화되었고, 그 소중한 가치들을 가정과 학교에서 어떻게 나누며 살았는지 기록했다. 부끄럽지만 솔직하게 쓰려고 노력했고, 그래서 더 애틋하게 다가온다.

2장은 학급 운영으로 만난 회복적 생활교육이다. 회복적 생활교육은 관계에 주목한다. 그리고 그 관계를 잇는 것은 '존재에 대한 연민'이다. 그 존재들을 안전하게 만나기 위한 공유목적 세우기, 신뢰형성서클을 공들여 했다. 갈등전환서클의 과정을 잘 전달하고 싶어 자세히 쓰려고 노력했다. 눈여겨보길 바란다.

3장과 4장은 평화적 하부구조가 교실에서 얼마나 중요한지, 그래서 그 평화시스템을 어떻게 구축하는지를 보여주고 있다. 기존의 교사 중심의 생활지도에서 평화적 압력을 바탕으로 한 교실공동체 문화를 형성해가는 과정을 세세하게 기록했다. 실제로 프로그램을 구안하고 실천하면서 '이게 과연 될까?' 애가 탔고 예측 가능한 자료가 없어서 안타까웠다. 그래서 실천했던 프로그램과 적용할 때의 생생한 교실 풍경을 들려주려고 공을 들였다. 책장을 넘기며 '우리 반 학생이 여기도 있네!' 하고 피식 웃을 선생님들이 생각나서 수정하지 않고 그대로 가져온 부분이 많다. 세련되지 않은 날것을 그대로 가져온 투박함을 견디며 내 반 학생들 이야기를 듣는 것처럼 읽어주기를 부탁드린다.

4장에서는 교사의 '자기 돌봄'에 관한 이야기다. 교사는 자신이 맡은 학급의 어려움을 다 말하지 못하고 어떻게든 혼자 해결해보려고 하다가 결국 마음과 몸이 상한다. 차마 말하지 못하는 속마음을 들어주는 단 한 사람이 필요한 선생님들에게 이 책은 그 한 사람이 되어 줄 것이다. 공동체로 만나는 교사 내면의 방과 나만의 내면의 방은 그런 마음을 담아서 썼다. 또 교실의 평화적 하부구조가 무너졌을 때 어떻게 교실을 재건해나가는지 학급에서 적용한 프로그램을 소개하였다. 교실이 무너졌다는 것은 곧 관계가 훼손되었다는 것이기에 그 관계를 어떻게 세우는지 중점적으로 다루었다.

5장에서는 2019년 8월에 개정된 학교폭력예방 및 대책에 관한 법률에서 달라진 점을 다루었다. 관계회복을 위해 교육적 접근을 하도록 물꼬를 열어준 학교장 자체해결 조건과 절차, 학교현장에서 기대하는 점과 우려하는 점을 살펴보았다. 또한 학교현장에 도움이 되는 갈등조정 과정과 사례를 소개하였다. 회복적 대화모임 방식을 자세히 소개한 것은 학생들과 갈등하면서 소진되고 있는 선생님들에게 작은 도움이 되었으면 하는 간절함을 담은 것이다.

대부분의 교사는 농부가 일 년 농사를 짓듯이 한 해를 살아간다. 3월에 씨를 뿌리고 한 해를 살아가며 학생들과 함께 가꾸어 간다. 이 짧은 시간에 학생들을 변화시키기란 생각처럼 쉽지 않다. 그러나 교사는 이 씨앗들이 먼 훗날 반드시 싹이 나고 꽃을 피울 거라는 사실을 알고 있기에 기대를 저버리지 못하고 오늘도 분주하다. 이 책이 교실에서 쉽게 활용할 수 있고 그분들과 손잡아 함께 가주는 가이드러너처럼 동행했으면 하는 바람이다.

책이 나오기까지 많은 분들의 도움이 있었다. (사)선한교육 회복적생활교육연구회는 함께 배우고 실천했다. 광주·전남의 수많은 학교와 교실의 체험을 공유했고 다양한 사례와 함께 그만큼 성장할 수 있었다. 특별히 회복 센터가 있었기에 편안하게 책을 쓸 수 있었다. 보살핌에 깊은 감사를 드린다.

2019년 12월
회복 공동체를 꿈꾸며 김민자 올림

1장
탄생

무슨 일이 있었나요?

학교폭력 교사로 신고 당하다

"김 선생님, 학교폭력 신고가 들어왔다는데요. 이것이 무슨 일인가요?"

"교장선생님, 무슨 말씀이세요? 어디서요?"

"교육청에서 방금 전화 왔어요. 김선생이 학교폭력을 했다는 신고가 들어왔어요"

"네?"

3월에 학교를 옮기면서 6학년을 맡게 되었다. 서당 개 삼 년이면 풍월을 읊는다더니 교사생활을 오래하니 3월 첫날 아이들을 만나면 대충 감이 잡힌다.

'올해 우리 반은 고생문이 열렸네.', '오! 제법인데. 올해 우리 반은 기대되네.'와 같은 짐작을 한다.

그런데 올해 맡은 아이들은 3월 첫 주부터 말썽을 피웠다. 필통 대신 화장품 파우치를 가지고 다니면서 수업시간에 꺼내놓고 화장을 하는 아이, 강당 뒤에서 담배를 피우다 잡혀오는 아이, 교실 뒷문을 잡고 매달리며 평행봉을 하다 문틀을 엿가락처럼 휘어지게 만들어 놓은 아이…. 이제 겨우 3월 첫 주인데, 일 년을 어떻게 버티나 머리가 지끈지끈거린다.

그래서 선택한 것이 촘촘한 체크리스트였다. 학교에 와서 할 일들, 쉬는 시간, 점심시간, 청소시간, 방과 후 시간 등 물 샐 틈 없는 체크리스트로 아이들을 한 명 한 명 장악해나갔다.

3월 셋째 주 목요일 오후, 그날도 체크리스트로 꼼꼼하게 검사하며 조금만 잘못해도 가차 없이 내가 일방적으로 정한 벌을 내렸다. 질서를 잡고 통제하여 교사인 내가 없더라도 사고 나지 않고 알아서 공부하고, 청소하고, 독서하고, 조용하고, 청결하고, 말 잘 듣는 반을 만들기 위해 부단히 노력했다. 그때의 난 신념이 있었다. 첫 주에 아이들을 못 잡으면 1년 내내 고생한다는 신념, 생활지도가 되어야 수업을 할 수 있다, 학생들과의 줄다리기에서 교사는 밀리면 안 된다 등. 그렇게 학급운영에 대한 내 지침을 전쟁을 선포하듯 아이들에게 전달했고, 아이들은 숨죽이고 따라왔다. '우리 선생님은 무서워. 만만한 상대가 아니야. 하라는 대로 하지 않으면 안 돼.' 이렇게 포기하는 것이 보여서 뿌듯했다.

그러나 우리 반 학생 스물일곱 명 가운데 여학생 다섯 명이 도무지 말을 듣지 않았다. 약이 오르고 화가 났다. '이것들이 감히 선생님을 이겨먹으려고 해?' 다른 것은 몰라도 수업 중에 딴짓하는 것은 절대 용납하지 않았는데, 그 여학생들이 쪽지를 돌리며 수업을 방해하기에 남겨서 벌을 주었다. 하지만 벌도 성실하게 서지 않아 "너희는 벌도 성실하게 안 서? 도대체 학교를 뭐 하러 오는 거야? 공부시간에 쓸데없는 짓만 하고, 도대체 잘하는 게 뭐니?" 잔소리를 늘어놓으며 야단을 쳤다. 그런데 그중 한 아이가 117에 신고를 한 것이다. "우리 선생님이 나를 폭행했어요."라고.

10년 전에 있었던 일이다. 그날을 생각하면 지금도 진저리가 쳐진다. 장학사의 조사와 면담이 있었고, 아무도 다치거나 피해가 없고 학생이 거짓으로 신고했다는 것이 밝혀졌다. 학부모의 사과로 종결되었지만 그 사과를 받아들이기가 쉽지 않았다. 그렇게 끝난 것만으로도 다행으로 여겨야 한다고 주위에서 이야기했지만 교실에 들어가는 마음은 천근만근 무거웠다.

허무했다. 더 이상 잘하고 싶지 않았고 애써서 가르치고 싶지 않았다. 이걸 해볼까 저걸 해볼까 고민하며 자료를 찾는 열심과 기쁨이 사라지고 허탈한 자괴감만 남았다. 그런데 그런 내 마음보다 더 힘들었던 건 나의 졸렬함과 옹졸함을 마주하는 일이었다. 유치하게도 신고한 그 아이들에게 복수하고 싶을 만큼 서운함이 가시지 않았던 것이다.

'용서할 수 없어. 내가 얼마나 열심히 가르치는 교사인데. 이런 일로 신고하면 어떻게 꾸중을 하고 훈육을 하나.'

그 어떤 교육적 시도도 이 여학생 다섯 명을 변화시키기가 어려웠다. 친구들 옷을 빌려 입고 되돌려주지 않았고 옷을 달라고 하면 교묘하게 그 아이를 따돌림했다. 화장실에서 몰래 고데기로 머리를 꾸미다가 들켜서 압수당하면 욕을 하며 반항했다. 이간질과 뒷담화, 거짓말로 날마다 상담했고 학부모 상담까지 이어졌다. 이 아이들과 일 년을 보내면서 몸도 마음도 완전히 지쳐버렸다.

그래도 졸업식 날은 철이 들었는지 인간적으로 미안했던 모양이다. 편지도 써오고 '죄송했어요' 인사하며 꽃다발을 내 책상 위에 놓고 갔다. 그런데도 전혀 기쁘거나 고맙지 않았다. 6학년을 열다섯 번 넘게 했지만 이런 기분은 처음이었다. 아이들이 다 가고 난 뒤에 그 아이 의자에 앉아서 한참을 울었다. 그리고 결심했다.

'다시는 이런 자괴감을 맛보고 싶지 않아. 6학년 담임은 이제 끝이야.'

그 후 우연히 참여한 연수에서 서정기 교수님의 회복적 정의에 대한 강의를 들었다.

"잘못한 만큼 벌을 주는 것으로 사람이 변화하나요? 벌을 주는 목적은 어디에 있나요? 선생님이 지금까지 한 판결은 다 옳았을까요? 가해자는 늘 가해자인가요? 삶의 생태계가 너무나 다른 아이들에게, 다양한 양육 배경과 기질이 다른 아이들에게 단 하나의 규칙만 정하고 그대로 하지 않으면 엄벌을 주는 시스템이 과연 민주적인가요? 잘못을 저질렀을 때 '네가 얼마나 우리 반에서 말썽

피우는 학생인지 너 자신을 좀 봐.' 하며 수치심 또는 존재부정으로 접근하면 꾸중 듣는 학생은 자존감이 떨어지고 그 떨어진 자존감 때문에 괴로워합니다. 그럴 때 그 학생은 수치심으로 떨어진 자존감을 회복하는 방법을 대체로 폭력을 선택하지요. 잘못한 학생, 수치심을 주는 훈육, 폭력으로 대응하는 학생. 이렇게 악순환을 낳게 되고 공동체는 어려워집니다. 잘못한 아이가 잘못한 만큼 벌을 받는 건 너무도 당연해요. 청소를 안 했으면 다음 날 반드시 자기책임을 다하는 것이 공평하고, 숙제를 안 해오면 남아서 끝까지 다하고, 모둠활동을 못했으면 모둠 전체가 단체로 남아서 과제를 하여 협력을 배워야 하지요. 그렇게 한 것이 잘못했다는 것이 아니라 그 과정에서 학생들의 마음을 들여다보고 있었나요? 그렇게 하지 못한 특별한 이유가 있냐고 다정히 물어보았나요? 학생들의 말을 잘 들어주었나요? 반항하고 엇나가는 학생의 마음 깊은 곳에서 '나도 잘하고 싶어요'라고 외친다는 사실을 믿나요?"

질문 하나하나가 어찌나 아프고 마음을 후벼파는지 눈물이 핑 돌았다. 가슴이 터질 것만 같았다. 엄벌주의에 기반한 나의 생활지도 신념이 와르르 무너지고 있었다.

아, 이것이 되는구나!

"회복적 생활교육 강의를 들어보면 좋기는 하지만 내가 그렇게 살지 못해서 실천하기가 부담돼요."

회복적 생활교육을 접하는 교사들의 공통된 반응이다. 더 나아 가서 회복적 생활교육을 적용하면 내가 힘들 것 같아서 그냥 하던 대로 하겠다고 한다. 나 또한 그랬다.

'학교폭력예방을 위한 회복적 대응방안'이라는 주제로 논문을 쓰면서 이런 교육방법이 너무나 꿈 같은 이야기로 들렸다. 과연 이게 될까? 그렇게 서로의 자발적인 책임을 이야기하고 진심으로 사과하면서 평화로운 반을 유지할 수 있을까? 의문과 의심만 커 져갔다. 때로는 회복적 생활교육을 강의하는 교수들과 강사들이 답답하게 느껴지기까지 했다.

'당신들이 현장을 알아? 아이들이 얼마나 무례하고 학부모들이 얼마나 자기 아이 편에서만 생각하는지, 현장이 얼마나 바쁘고 동동거리고 사는지, 엄격한 규율과 질서가 있어야 통제가 되지! 잘못한 학생들은 벌을 받아야 조심하고 안 다친다고!'

입으로는 툴툴거리면서도 나는 회복적 생활교육을 배우느라 회복적 생활교육 워크숍을 분주하게 다녔고 적잖은 교육비를 썼다. 회복 관련 논문과 책을 밤 새워 읽었다. 그렇게 나는 어느새 회복적 생활교육이 지향하는 교육신념과 철학에 푹 빠져들었다. 옳고 그름을 따져 재판하지 않아도, 체크리스트로 통제하지 않아도 서로 존중하고 협력하면서 공동체를 세워 나가는 모습을 눈앞에서 볼 수 있다면 교사로서 더할 나위 없이 보람된 일일 것이다. 그 모습을 꼭 보고 싶었다.

그렇게 회복적 생활교육에 물들어가다가 만난 것이 우리 집 메주 사건이다. 2013년 학습연구년을 하면서 회복적 생활교육을 배우러 서울로 춘천으로 대전으로 부지런히 쫓아다니던 그 해, 집안 일은 팽개쳐두고 배움의 한을 풀던 그 즈음에 일이 터졌다.

우리 엄마는 아파트에서도 메주를 띄워 장을 만들어 먹을 수 있다고 믿고 2년째 실행하고 있다. 콩을 삶아 메주를 만드는 것까지는 문제가 없지만, 띄우는 동안은 온 집에서 냄새가 진동한다. 남편은 집에서 냄새나는 것을 극도로 싫어하는 사람이다. 김치찌개와 된장찌개조차도 사먹을지언정 집에서는 못하게 할 정도로 냄새에 예민하다. 그래서 올해는 집에서 메주 쑤지 말라고 신신당부를 했다. 그렇지만 엄마는 메주콩을 삶아서 메주를 만들었다. 남편은 온 집안에 진동하는 콩 삶은 냄새 때문에 화를 냈다. 그렇게 말렸는데도 기어이 고집을 부리는 엄마가 이해가 되지 않았다.

"엄마, 내가 하지 말라고 했는데, 왜 그래요?"

"너희는 어째 내가 하는 것마다 시비냐? 내가 그렇게 싫으냐?"

그때 마침 회복적 서클을 한참 배우고 있던 터라 회복적 질문으로 이 갈등상황을 풀어보고 싶었다. 사전 서클을 하고 본 서클에 들어가야 하는데, 처음 배우는 거라 그런 절차도 몰랐다. 그저 두 갈등 당사자를 한자리에 앉혀 갈등을 해결하고 싶었다. 엄마와 남편을 거실 소파에 앉게 한 후 회복적 질문으로 서로 대화해보자고 했다. "그래, 뭔지 모르겠지만 한번 해봐라." 하시며 소파에 앉으시던 엄마의 단호한 모습, 뭔가 대책이 필요해 하며 골똘히 생각에 잠겨서 마뜩찮아 하던 남편의 모습이 지금도 떠오른다.

나　지금부터 회복적 서클 대화 모임을 합니다. 방법은 상대방의 말을 듣고 그대로 다시 하는 거예요. 예를 들면, '나는 지금 힘들다' 그러면 상대방이 '지금 힘들다고 하네요.'라고 말을 하는 거예요. 한 사람이 할 말을 다하면 상대방에게 발언권을 드리니 말을 참고 기다려주세요. 시작할게요. 엄마부터 하고 싶은 말을 하시면 좋겠어요.

나　엄마, 된장 만들려고 메주콩 삶은 일에 대해서 하고 싶은 말이 있으세요?

엄마 메주콩 두 되만 사서 삶으면 된장 만들 수 있는데 뭣하러 비
     싼 것 사다 먹냐?

나 (남편에게) 무엇에 대해 말씀한 것을 들었나요?

남편 어머니가 메주콩 두 되면 된장 만들 수 있다고 하시네요.

나 엄마, 맞아요?

엄마 그래 맞다.

나 그 일로 더 하실 말씀 있어요?

엄마 너희들은 어째서 내가 하는 일은 다 반대만 하냐? 내가 하고
     싶은 일은 나도 할란다.

나 (남편에게) 무엇을 더 말씀하셨나요?

남편 내가 하는 일은 왜 다 반대만 하냐? 나도 하고 싶은 일은 하시
     겠다고 하네요.

나 엄마, 맞아요? 더 하고 싶은 말 있어요?

엄마 한 삼 일만 지나면 냄새 없어지니 조금만 참으면 너희한테 좋
     은 일인데 왜 못하게만 하냐?

나 (남편에게) 무엇을 더 말씀하시나요?(중략)

　이렇게 엄마의 말을 남편이 되돌려주고 남편도 엄마에게 하고
싶은 말을 하고 엄마가 되돌려주고 한 결과, 엄마는 우리 가족에
게 좋은 것을 엄마 손으로 직접 해주고 싶은 욕구가 드러났다. 남
편은 좋은 것을 먹는 것보다 집에서 메주 냄새만 나지 않으면 좋
겠다는 욕구가 드러났다. 여기서 가장 큰 문제는 메주 띄우는 거

였다. 엄마가 메주를 띄우려고 베란다에 매달아 두는데 남편은 그 것이 매우 불편했다. 띄울 동안 냄새가 너무 심하기 때문이다. 그 동안 말도 못하고 매우 힘들었다고 했다. 그렇게 서로 이야기하 면서 자연스레 메주를 매달 장소를 찾게 되었다. 마침 가까이 사 는 친정오빠 집에 빈 창고가 있어 이용하기로 했다. 그렇게 메주 사건은 일단락되었다. 엄마는 계속 메주를 쑬 수 있어서 좋고, 남 편은 메주 냄새가 안 나서 좋았다! 각자의 방에서 들어앉아 서로 에게 서운한 감정만 가득하던 사람들이 회복적 질문으로 대화하 면서 새로운 대안을 찾은 것이다. 그리고 무엇보다 서로의 소중한 마음을 대화를 통해 더 확인하고 알게 된 것이 큰 보람이었다.

아, 이것이 되는구나!

잘잘못을 따져서 당신은 무엇을 잘못했고 나는 무엇을 잘했고, 마치 재판관처럼 일을 해결하려고 했던 나였다. 그런 나의 소중한 욕구는 무엇인지, 상대는 무엇이 그렇게 소중해서 그렇게 반응하 는지 서로의 말에 귀 기울이는 대화구조로 서로의 마음을 확인하 고 해결방법을 찾을 수 있게 된 것이다.

회복공동체의 탄생

2014년 회복적 생활교육을 교실에서 실천하면서 가장 어려웠던 점은 길잡이를 해줄 만한 도서나 옆에서 조언해줄 경험자가 없다는 거였다. 연수에서 받은 자료를 놓고 기억을 되살려 실천하긴 했지만, 내가 제대로 적용하고 있는지 늘 고민이 되었다.

그렇게 회복적 생활교육을 잘 실천하고 싶은 마음이 갈급할 즈음, 2014년 8월 여름방학 기간에 모 단체 주관의 전국 교사 대회에서 관련 강의를 한다는 소식을 듣고 교사 몇몇과 함께 참석하였다. 함께 간 교사들은 강의를 듣고 회복적 생활교육의 매력에 푹 빠졌고 더 알고 더 배우고 싶은 마음으로 불타올랐다.

"지금은 같은 마음을 가진 선생님들과 있으니 뭐든지 할 수 있을 것 같지만 막상 혼자 하려면 지치고 힘들어요. 저도 그랬어요. 성공과 실패를 같이 나누고 속상한 사정도 털어놓을 공동체가 필요해요."

마지막 날 강사가 간곡히 권하며 한 말이었다. 나의 고민과 일맥상통하는 말이었다.

"선생님, 한 사람이 오더라도 우리 공동체 모임을 시작해봐요."

돌아오는 버스 안에서 함께 강의를 들은 H선생님의 제안이 얼마나 반가웠는지 모른다.

2014년 9월 14일, 첫 모임을 광주시 쌍촌동 선한교육센터에서 가졌다. 작은 공간은 소문을 듣고 오신 열세 분의 선생님들로 꽉 찼다.

"저는 늘 독서모임이 있으면 좋겠다는 바람이 있어요. 이 모임이 회복적 생활교육 관련 책을 읽고 나누며 학생 생활교육의 어려움을 이야기하면 좋겠어요."

"저는 육아휴직하다 9월에 복직했는데 새로 발령 난 것처럼 모든 것이 힘들어요."

"학생들은 말 안 들어서 힘들고, 학부모는 자기 아이 말만 믿어서 말이 안 통하고, 관리자는 학부모 편만 들어서 야속하고, 정말 교사하기 힘들어요. 그런데 이런 애타는 마음을 동료 선생님들과 나누지 못하는 분위기가 더 힘들어요."

그랬다. 그냥 누군가 내 이야기를 들어주는 안전한 공간이 교사들한테는 필요했다. 먼저 공동체의 공유 목적 세우기부터 시작했다.

우리가 함께 세운 공유 목적은 '재미있고 배움이 있는 안전한 공동체'였다. 그것을 위해 첫 달은 재미난 공동체 놀이, 화음이 아름다운 노래 부르기, 오늘의 시 나누기 등의 활동으로 서로 얼굴을 익혔다. 차츰 서로의 마음을 나누게 되자 우리는 학교 생활교육의 어려움과 학부모와의 갈등이나 민원 등을 나누면서 생활교육을 전문적으로 공부했다.

교사들은 학생들의 갈등 문제를 고민하면서 회복적으로 어떻게 해결하는지 물었다. 그 당시 우리 반에서 더듬더듬 회복을 연습하고 실천하던 나 같은 병아리에게 또 다른 병아리들이 가르쳐 달라고 채근하니 회복적 생활교육 실천에 더욱 몰두할 수밖에 없었다.

실천가 모임에 한 번 온 교사들은 생활지도의 문제뿐만 아니라 이루지 못한 교육에 대한 꿈과 이상, 자녀교육과 직장생활을 병행하는 엄마교사로서의 어려움, 동료 교사나 관리자와의 소통부재에 대한 애로 등 다양한 화제를 나눌 수 있어서 다음 모임에 빠지는 법이 거의 없었다. 모임은 늘 풍성했다. 먹을거리와 말할 거리가 참석자들로부터 자체 공급되었다.

고민에서 시작된 실천가 모임은 만나는 횟수를 더할수록 갈등전환이나 회복적서클과 신뢰형성서클, 공동체 놀이 등 구체적인 배움에 대한 갈급함이 생겼다. 그러던 2016년 1월 어느 날, 사단법인 「좋은 교사」 소속 박숙영 회복적생활교육센터장으로부터 전화가 왔다.

"대전에서 회복적 생활교육 직무연수 과정을 엽니다. 2박 3일 18시간이고 연수비 20만원 자기부담, 나이스에 학점으로 인정 안 해주는데, 혹시 광주에서 배우러 오실 분이 있을까요?"

실천가 밴드에 공지하자마자 네 분이 배우고 싶다고 나섰다. 내 차를 타고 대전으로 향했다. 겨울바람이 차고 날카로웠지만 우리는 스펀지가 물을 빨아들이듯 배워갔다. 강의를 녹음하고 똑같이 받아 적고, 저녁에는 둘러앉아 복습하다가 막히면 강사 방에 들어가 궁금한 것을 질문했다. 그 열정에 강사들은 혀를 내둘렀다. 연수를 마치고 돌아오는 길에 우리는 하나같이 입을 모았다.

"우리도 저 강사들처럼 회복적 생활교육을 1년 과정으로 배우고 싶어요. 광주에서 회복적 생활교육 1년 과정을 모집해서 배우게 해주세요."

배움의 의욕으로 가득찬 선생님들을 보니 무어라도 해주고 싶은 마음이 간절해졌다. 지금은 회복적 생활교육을 배울 통로가 많지만, 당시에는 교육기관이 많지 않았다. 무엇보다 교육 현장에서 회복적 생활교육을 실천하고 있는 교사들에게 배우고 싶은 열망이 컸다. 지성이면 감천이라고, 광주 전남지역 선생님들의 간절함이 결국 회복적 생활교육 실천가 1년 과정을 개설하게 만들었다.

회복적 생활교육 실천가
1기, 2기 과정을 열다

　회복적 생활교육 실천가 과정을 개설하기로 결정하자마자 연수생 모집 공고를 냈다. 한 달 만에 25명의 연수생이 극적으로 모아졌고 연수 과목과 강사가 신속하게 확정되었다. 놀라웠다. 사단법인 좋은교사 소속 박숙영 센터장이 "이 바쁜 강사들이 이 날짜에 광주에 내려간다고 하는 것이 신기해요."라고 말할 정도였다. 그렇게 강사 20여 분이 기꺼이 내려오셔서 가르쳐주셨다.

　연수 장소는 화장실이 한 칸뿐인 30평짜리 게스트하우스였다. 스크린이 없어서 벽면에 흰 모조지를 붙여 영상을 보는 등 연수가 이루어지기엔 턱없이 열악한 곳이었다. 그런데도 우리는 모이면 1박 2일 동안 함께 먹고 씻고 잤다. 수학여행 온 고등학생처럼 깔깔대고 웃고, 때로는 날이 새도록 교실의 성공담과 실패담을 나누었다. 그렇게 어느덧 공동체가 되어갔다.

회복 공동체를 이루기 위해 그 일 년 동안 우리가 함께 정한 약속은 다음과 같다.

첫째, 안전한 공간을 위해 솔직하게 말하기, 공감하며 듣기, 들은 말은 비밀로 보호하기

둘째, 앎과 삶의 일치를 위해 과제를 잘 실천하기

- 80시간 이상 연수 참석하기

- 필독도서 2권 읽고 독서록과 성찰일기 2편 쓰기

- 실천보고서 작성하여 수료식 및 실천 보고회 참석하기

셋째, 자발적 기여의 기쁨을 위해 준비하는 수고를 나누어 책임지기

넷째, 연결되는 공동체를 만들기 위해 밴드나 카톡에 소식이 올라오면 열렬히 화답하기

돌아보면 군대도 아니고 이 무슨 엄격한 규율인가 싶은데, 그 어떤 보상이 주어지지 않는데도 참여한 선생님들은 노다지나 캐는 듯이 한 달에 한 번씩 모이는 그날을 손꼽아 기다리고 즐거운 마음으로 모여들었다. 무엇이 그렇게 선생님들을 모이게 했을까. 환영받고 존재 자체로 수용되는 그 느낌이 너무도 좋다고 했다. 학교에서 맛보지 못했던 연결되는 느낌이랄까. 또한 배우고 학교에 가서 더듬더듬 실천해보니 신기하게 아이들이 바뀌는 걸 체험하고 배우는 기쁨에 젖어갔다.

실천가 선생님들의 진솔한 고백을 들어본다.

이렇게 회복에 빠져버렸어요

회복 모임이 너무 좋아서
말할 수밖에 없었어요.
이런 모임은 내 인생에서
처음 만나는 경험이었다고

서로를 판단하지 않고
포근히 안아주는 느낌이었다고
나를 꽁꽁 싸매지 않아도
무섭지 않고 두렵지 않았다고

누군가의 말에 귀 기울이는
그대들을 보면
눈물 나게 좋았다고
그래서 나도 모르게
회복전도사가 되고 말았다고

실천가 1기 교사 이순영

1년 동안의 회복이 준 변화

　황룡강 게스트하우스에서 처음 들꽃 선생님과 작은손길 선생님을 만났다. 반가운 목소리로 맞아주는데 낯설었다. 예전부터 알고 지내는 선생님들은 만나자 얼싸안고 반가워한다. 더 낯설어졌다. 책과 원격 강의로 회복적 생활교육을 만나고, 그 이론과 실천방법을 배우러 온 것이지 관계를 맺고 공동체를 이루려고 온 것이 아니기 때문이었다. 쭈뼛거리며 한 귀퉁이에서 식사를 하고 예배를 드리고 시를 읽고 강의를 듣는 시간 속에서 엉거주춤 서성거렸다. 오랜 시간 동안 잊고 지내던 '환대'라는 단어와 '환대'의 장면들이 강하게 부딪혀왔다. 집으로 돌아와서도 '환대'라는 말은 계속 나를 쫓아다녔다. 조금 눈물이 난 것도 같다.

　2월에 시작한 연수는 회를 거듭할수록 의미 있었고, 특히 10월 연수 주제인 '서클 포워드'에서 만난 질문은 내 속 깊은 곳에서 무엇인가 울컥 토해져 나오게 했다.
　"본질을 향해 가기 위해 더 하고 싶은 한 가지와 빼고 싶은 한 가지는 무엇인가요?"
　나를 온전히 수용해주는 공간 안에서 그동안 꾹꾹 눌러놓아 나조차도 잊고 지냈던 상처가 드러나 울음이 터져 나왔다. 실컷 울고 난 뒤의 후련함이라니. 신기하게도 치유가 시작되는 것을 경험했다. 그동안 여러 가지 관계의 깨어짐 때문에 생긴 상처들의 충격을 몸이 그대로 흡수하고 오랫동안 감추고 있었을 뿐이었구나!

서클이 치유와 회복의 공간임을 온몸으로 경험하고 나서 읽은 『다시 집으로 가는 길』[1]은 자기의 길을 찾아 자기답게 걸어가는 방법과 힘이 서클 안에 있음을 확인했다.

실천가 2기 교사 이라혜

1> 파커. J 파머. 김지수 옮김. 한언출판사. 2014.10.01.

1년 과정 선생님들이 공동체를 이룬 일과 교실에서 회복적 생활교육을 실천한 사례들이 광주 전남에 입소문이 나면서 생활지도에 어려움을 겪고 있던 선생님들의 문의가 빗발쳤다. 그래서 1기에 이어 2기 연수 과정을 열게 되었다. 1기 선생님들은 2기 연수과정에 강사로 섬기면서 교육청 직무연수, 학교 컨설팅, 연수원 강의 등을 감당해냈다. 많이 알아서 전문 강사가 되었다기보다 실천가로서 학교에서 학급에서 가정에서 회복적 생활교육을 '삶으로 어떻게 살아내는지'를 나누는 것이 연수를 받는 선생님들에게 공감을 불러일으켰다.

　　안갯속을 헤매듯이 시작한 1기와 2기 연수과정. 한 달에 한 번씩 1박 2일 동안 꼬박 회복을 배우고, 배운 것을 교실에 적용하고, 다시 만나 성찰하며 그렇게 분주하게 2년여를 보냈다. 2017년 12월, 2기 회복 실천 보고회를 하면서 선생님들은 어떻게 이렇게까지 긴 시간을 마무리했는지 서로를 격려하고 뿌듯해했다. 공동체 안에서 희망이 꿈틀대고 있었다.

　　회복적 생활교육은 스킬이 아니다. 머리가 아닌 가슴과 손과 발로 살아내는 것이다. 나뿐만 아니라 너도 존엄한 존재이기에 어떤 상황에서도 너의 존재를 존중하고 신뢰하는 태도로 대하는 것, 그런 존재들이 서로 도움을 주고받고 영향을 끼치며 공동체로 연결되어 살아가는 것, 그리고 자신의 문제에 대한 답은 스스로 찾을 수 있을 만큼 모든 인간은 선한 지혜를 가지고 있다는 것을 서서히 깨닫는다. 안개가 걷힌다.

어떤 영향을 받았나요?

과연 될까

교직 생애 단 한 번 주어지는 선물 같은 시간이 바로 학습연구
년이다. 이 기간 동안 나는 회복적 생활교육을 배우는 데에 모든
시간과 열정을 쏟아 부었다. 2013년 11월 정책연구소 학술 계간
지에 소논문을 쓰면서 이론만이 아니라 현장에서 실천해보고 싶
었다. 상대방의 말을 잘 듣는 동시에 솔직하게 자기표현을 하면서
상대방을 인정하는 모습, 잘못한 일을 서로 존중하면서 풀어가는
모습, 선생님을 존경하고 공동체를 소중히 여기는 교실을 만들어
보고 싶은 마음이 간절했다.

이 학생들과의 만남은 2014년 2월 발령과 함께 시작되었다. 몇
학년을 맡을지, 아이들은 어떠한지 궁금하여 그 학교에 근무하는
후배에게 전화를 했다.

"나, 그 학교 가게 되었는데, 몇 학년이 좋아?"

"언니! 다 해도 5학년은 하지 마!"

"왜?"

"말도 마요! 4학년 때 학폭을 7번 열었던 애들이에요! 그래서 아무도 희망을 안했어요. 끔찍했거든요."

"알았어! 피할 수 있으면 그러고 싶다. 고마워!"

이틀 후. 발령 난 학교에 인사드리러 갔더니 교감선생님께서 학년 지원서를 내미셨다.

"5학년만 비어있습니다만."

어쩔 수 없이 5학년을 지원했다.

5학년에 배정된 담임교사들이 학년실에 모여 반 선택을 하였다. 5개 반의 아이들 이름이 적힌 명단이 들어있는 하얀 봉투 5개가 쫙 놓여 있었다.

'저 속에 학폭 중심 아이가 있다는 거지?'

나는 제발 그 아이가 뽑히지 않길 바라고 또 바랐다. 마지막 남은 봉투를 집으며 반 아이들 명단을 살폈다. 그리고 내 눈을 의심했다. 그 아이 이름이 들어있었다.

'으악! 어떡해!'

서클로 여는 첫 만남

2014년 3월 월요일. 첫 출근 날.

교실에 들어서니 교실 안은 무질서와 난리 그 자체였다. 겨우 수습하여 자리에 앉히고 교사 소개와 5학년이 된 기분과 기대 등을 들어본 후 칠판에 다음과 같이 썼다.

"목적이 이끄는 삶"

아이들은 잠이 덜 깬 흐릿한 눈으로 나를 바라보았지만, 나는 힘주어 말했다.

"선생님은 교직에 있으면서 항상 고민이 있다. 그것은 왜 이제 막 학교에 들어온 1학년이 가장 착하고, 교육을 가장 많이 받은 6학년이 가장 안 착한가? 선생님이 스티커나 보상을 해주면 그래도 열심히 해보려고 하는 것이 고민이야."

아이들에게 한 말이지만 실은 나 자신에게 하는 말이기도 했다.

나 또한 지금까지 통제의 수단으로 스티커나 보상제를 이용했었다.

"생각해보자. 유치원부터 착한 행동을 하면 스티커를 받는다. 스티커 받는 것에만 몰두하다가 정작 좋은 교육활동일지라도 스티커를 안 주면 아무것도 안 한다. 도리어 '그거 하면 뭐 줘요?', '그거 하면 간식 뭐 사줘요?' 묻는다. 너무나 안타깝다. 정작 내가 무엇을 꿈꾸고 바라는지 모른 채 말이야. 그래서 선생님은 올해 보상제 스티커 때문에 무엇을 결정하는 것이 아니라 자신의 꿈을 향해 목적이 이끄는 삶을 살아가는 아이들로 자라길 바란다. 교육이란, 그런 목적을 이루도록 도와야 한다고 선생님은 믿어."

비장하게 이야기하고 있는데, 아이들은 어리둥절한 표정으로 멀뚱멀뚱 쳐다봤다.

"너희들 4학년 때 매우 힘들었다고 들었어. 부모님이 학교 오시고 경찰도 출동할 만큼 작년 학교생활에 어려움이 있었다고. 너희들, 올해도 그렇게 살고 싶어?"

"아니요."

아이들은 멋쩍은 표정으로 피식피식 웃었다.

"너희들은 1년간 우리 반이 어떤 반이길 바라?"

"안 싸우면 좋겠어요."

"안 싸우긴 어떻게 안 싸우냐? 욕이라도 안 했으면 좋겠다."

"욕을 어떻게 안 하고 사냐? 패드립만 안 해도 다행이지."

"너는 더해, 네가 제일 많이 하잖아."

"내가 언제?

순간 욕이 튀어나오고 교실의 질서가 무너졌다.

'아차! 학급운영에서 가장 먼저 해야 할 일은 평화적 하부구조를 세우는 일이었지!'

마음을 하나로 모으기 위해 신뢰형성서클[2]을 열었다.

신뢰형성서클 & 우리들의 약속[3] 세우기

⊙ **적용 시기:** 학기초

⊙ **소요 시간:** 1차시(40분)

⊙ **준 비 물:** 토킹피스, 센터피스, 포스트잇, 느낌말 자석카드

　　　　　　(스무 개 정도)

⊙ **진행 방법**

---

[2] 서클은 인류에게 가장 오래된 의사결정과 문제해결방식이다. 서클은 말 그대로 동그랗게 모여 앉아 이야기를 나누는 것이다. 서클은 관계를 만들고 공유된 약속을 정하는 등의 기능을 수행하면서 개인의 필요와 집단의 필요 사이에서 균형을 잡는 역할을 한다. 그중 신뢰형성서클은 어떻게 관계를 형성할 것인가를 지향하며 공동체의 연결에 목적을 두고 평화적 하부구조를 튼튼히 하기 위한 프로세스이다. 주제에 따라 다양한 신뢰형성서클을 열 수 있다. 예)새학기 등교서클, 전학서클, 생일축하서클, 애도서클, 현장학습약속서클 등

[3] 학급 구성원들이 서로에게 중요한 것이 무엇인지 확인하고 소중하게 여기는 가치를 반영하여 학급공동체의 목표를 함께 정하는 과정이다. 이 프로세스는 국제 NVC인증 지도자인 그렉 켄드릭이 제안한 '공유된 목적 세우기' 모델을 재구성하였다(출처: 박숙영, 「회복적 생활교육을 만나다」(2014)의 143쪽 인용).

1) 마음열기

• 서클 열기
  - 환영의 말
  - 서클의 목적과 서클의 약속 확인하기
  - 토킹피스 소개하기

초대하는 말

둥글게 앉아줘서 고마워요. 책상이 없어지니 서로 어색하지요? 이렇게 둥글게 앉아 이야기하는 것을 '서클로 모였다'라고 해요. 처음이라 긴장될 텐데 서로를 좀 더 이해하기 위해 서클을 열었어요. 가운데 놓인 장식물을 센터피스라고 해요. 선생님은 오늘 안개꽃을 가져왔어요. 안개꽃은 하나하나 따로 떨어져 있으면 잘 보이지 않지만, 이렇게 함께 있으면 눈꽃처럼 아름답지요. 우리 반 친구들과 안개꽃처럼 아름다운 반을 만들고 싶은 선생님의 마음이 담겨있어요. 서로의 이야기를 잘 듣기 위해 우리가 함께 지켜야 할 약속이 있어요.

첫째, 토킹피스를 가진 사람이 이야기해요. 선생님은 토킹피스로 병아리인형을 데려왔어요. 5학년을 시작하는 상징이에요. 이 병아리가 잘 커서 의젓하게 성장하길 바라는 마음이 있습니다.

둘째, 준비될 때 말해요.

셋째, 솔직하게 말해요.

넷째, 평가, 판단, 비난, 추측하지 않고 들어요.

다섯째, 자리를 지켜주세요.

여섯째, 비밀을 지켜줘요.

일곱째, 합의에 의해 결정해요.

더 제안하고 싶은 약속이 있나요? (엄지투표로 합의한다)

• 〈아름다운 세상〉 노래 부르기

2) 여는 질문

• 5학년의 첫날인 지금 자신의 감정을 느낌말로 표현해 볼까요?

　예 저는 지금 긴장됩니다. 서클을 처음 해보기 때문입니다.

3) 공동체 놀이

• 텔레파시 게임

① 두 사람씩 짝지어 마주 보게 한다.

② 진행자가 질문하고, 하나 둘 셋 하면 동시에 답을 외친다.

　예 중국집 가서 내가 먹을 음식은 짜장? 짬뽕? 하나 둘 셋!
　여름에 가족과 함께 가고 싶은 곳은 산? 바다? 하나 둘 셋!

③ 서로 대답이 같으면 하이파이브, 다르면 오른손 팔목을 크로스한다.

　TIP 답을 2개(짜장:짬뽕) 중 1개, 3개(축구:야구:피구) 중 1개, 4개(봄:여름:가을:겨울) 중 1개 고르는 방식으로 난이도를 높여간다.

4) 주제 질문

• 4학년 때 가장 기억나는 일은 무엇인가요?

> **예** 저는 운동회 때 우리 반이 줄다리기에서 1등 하면서 전체 우승한 일이 기억에 남아요.
> 저는 아이들이 변기에 물티슈를 넣어 막히는 바람에 공사한다고 화장실 가기가 불편했던 일들이 기억에 남아요.

5) 주제 활동1 : 학급공유목적 세우기

• 선생님은 여러분이 자신의 꿈을 잘 찾아가는 한 해가 되기를 바랍니다. 그 꿈을 잘 찾기 위해서 올해 우리 반은 어떤 학급이 되길 원하나요?

> **예** 저는 우리 반이 싸우지 않고 평화로웠으면 좋겠어요. 작년에 자주 다퉈서 힘들었어요.
> 저는 우리 반이 재미있으면 좋겠어요.
> **TIP** 욕구카드를 참고하여 발표한 후 칠판에 정리한다.

• 여러분이 말한 바람들을 살펴보고, 각자 가장 중요하다고 생각되는 3가지를 골라서 스티커로 투표해볼까요? (투표 후) 평화, 재미, 안전이 가장 많이 나왔네요.

• 이 세 단어로 학급공유목적을 만들어봅시다. (활동 후) '평화롭고 재미있고 배움이 있는 우리 반'이 학급공유목적이 되었어요.

6) 주제 활동2 : 우리들의 약속 세우기

• 우리 반의 공유목적을 이루기 위해 내가 할 수 있는 약속들을

만들어봅시다.

• 모둠별로 모여 각각의 공유목적을 이루기 위한 약속을 제안
해봅시다.

  예 **평화:** 욕 대신 고운 말 쓰기
  재미: 한 달에 한 번 생일 축하해주기
  배움: 공부시간에 집중하기

• 모둠별로 나온 제안들을 합의를 거쳐 최종 약속을 결정해봅시다.

• 합의된 약속을 함께 읽고, 잘 지키겠다는 마음을 담아 서명해
봅시다.

7) 닫는 질문

- 활동을 통해 새롭게 깨닫게 된 점이나 배움으로 가져가고 싶은 점을 나누어볼까요?

  예 학급공유목적과 우리들의 약속을 만드는 것이 쉽진 않았지만, 우리가 직접 만들어서 더 잘 지키고 싶어요.

"그런데 선생님, 약속을 했어도 안 지키면 어떻게 해요? 이제 스티커도 안 주는데, 지킬 필요도 없겠다."

"그래 나도 그것이 걱정이다. 어떻게 하면 우리가 한 약속을 잘 지켜나갈 수 있을까?"

"모둠별 점수를 매겨요."

"아니야, 학급 온도계 해요."

"우리가 목적이 이끄는 삶을 살아보자고 합의했으니 한 달을 지내보고, 이야기해보자."

학급공유목적 돌아보기

"새로운 하루가 시작되었습니다. 새날을 주심을 감사합니다. 오늘도 우리가 정한 약속 '평화롭고 재미있고 배움이 있는 우리 반'이 되기 위해 첫째……(중략)."

학생들은 매일 1교시 전, 반장의 진행으로 학급공유목적과 우리들의 약속을 읽으며 상기했다. 학생들은 재미있고 안전하며 평화로운 반을 만드는 것보다 우리가 정한 약속에 자신의 행동이 걸리는지에 대해 더 민감해했다. 때로는 이르고 때로는 서로를 탓하기도 했다. 그러나 교사 주도로 질서를 잡아가는 것보다 그 또한 목적이 이끄는 삶에 이르는 과정이라 여기는 인내가 필요하다. 잘 잊지 않고 참여하도록 격려하고 작은 것이라도 칭찬하는 데에 중점을 두어야 한다. 한 달쯤 지난 뒤 공유목적과 우리들의 약속을 학생들은 어떻게 생각하고 어떻게 자기책임으로 가져가고 있는지 점검하고 나누는 시간을 갖는다.

학급공유목적 & 우리들의 약속 돌아보기

◉ **적용 시기** : 학기중

◉ **소요 시간** : 1차시(40분)

◉ **준 비 물** : 토킹피스, 센터피스, 학급공유목적과 약속

◉ **진행 방법**

1) 마음열기

- 서클 열기
  - 환영의 말
  - 서클의 목적과 서클의 약속 확인하기
  - 토킹피스 소개하기

> **초대하는 말**
>
> 우리가 학급공유목적과 약속을 세운지 한 달이 지났어요. 각자 어떻게 노력해왔는지 혹은 잘 지켜지지 않은 약속은 없는지 확인하는 시간을 가져보려고 해요.

• 반가(꿈꾸지 않으면[4]) 부르기

2) 공동체 놀이

• 이 멤버, 리멤버
① 노래가 시작되면 교실을 걷다가 눈이 마주친 친구와 하이파
이브하며 자신이 좋아하는 운동을 말한다.
② 노래가 바뀌면 자신이 좋아하는 우리 학교 장소를 말하며 하
이파이브한다.
③ 2~3가지 정도 주제를 바꿔가며 활동한 후, 서클로 모여 각
친구들이 좋아하는 운동, 장소 등을 기억하여 말한다.
> 예 선영-수영-텃밭, 나리-피구-운영위원실, 광철-축구-강당

3) 주제 질문

• 학급공유목적 & 우리들의 약속과 관련하여 축하할 점과 아
쉬운 점은 무엇인가요?
> 예 저에게 아쉬운 점은 우리의 약속에 '욕 대신 고운 말 쓰기'가 있는데, 저
도 모르게 욕이 튀어나와서 놀랐어요.
> 저에게 축하할 점은 3월에 교실에서 생일파티를 해서 기뻤어요. 학교 다
니면서 처음이에요.

4> 「꿈꾸지 않으면」. 양희창 작사. 장해선 작곡.

4) 주제 활동

• 우리들의 약속을 자신이 얼마나 지키고 있는지, 힘든 점은 없는지 체크해보겠습니다.

  - 개인 활동지에 체크하여 자신의 생활을 되돌아본다.

  - 전체 활동지에 체크하여 우리 학급의 생활을 되돌아본다.

• 모둠별로 우리들의 약속에서 지키기 어려웠던 점과 제안할 점을 나눈 후 발표하겠습니다.

  예 '모두와 친하기'라는 약속이 있는데, 자주 다퉈서 지키기 힘들어요. '모두와 친하게 지내려고 노력하기'로 바꾸면 좋겠습니다.

• 우리들의 약속 수정 제안이 들어왔습니다. 합의의 과정을 거치겠습니다.(합의하고 동의하기)

5) 닫는 활동

• 벌새 이야기

  - 선생님은 3월에 여러분을 만나서 기뻤습니다. 목적이 이끄는 삶을 살자고 합의했을 때 과연 될까 싶어서 걱정이 되었습니다. 그런데 여러분, 한 달 동안 너무도 훌륭했습니다. 모둠별 학급 역할을 잘 알고 실천한 친구들이 있었습니다. 바로 이 벌새처럼 말이에요.

벌새 이야기 [5]

남미 안데스산맥의 어느 산에 큰불이 났다. 점점 커져가는 불에 놀란 숲속 동물들이 달아나기 시작했다. 미처 피하지 못하고 불길에 휩싸인 동물들도 있었다. 거대한 불난리 속 강 아래로 무사히 피한 동물들은 안도의 한숨을 내쉬며 문득 하늘을 보았다. 작은 무엇인가가 불이 난 숲과 강을 오가는 것이 보였다. 벌새 한 마리가 강으로 날아가 물을 깃털 전체에 적시고 입에 머금은 뒤 불이 난 숲에 뿌리는 것이 아닌가! 그 모습을 물끄러미 보고 있던 호랑이, 재규어, 다람쥐가 "이 바보 같은 벌새야! 이 큰불 속에서 너처럼 작은 녀석이 무엇을 하겠다고! 그러다 까맣게 그을려 죽고 말거야."라며 비웃었다. 벌새는 "나도 알아. 그렇지만 나는 지금 내가 할 수 있는 일을 하려고." 하면서 물을 머금고 다시 불이 난 숲으로 날아갔다.

• 활동을 통해 새롭게 깨닫게 된 점이나 배움으로 가져가고 싶은 점을 나누어볼까요?

> **예** 우리들의 약속을 만들고, 누가 뭐라고 하지 않으니 안 지켜도 된다고 생각했었는데, 친구들이 늘 확인하고 있다는 것을 알았습니다.
> 벌새처럼 제가 할 수 있는 일들을 하면, 언젠가 우리 반이 더 좋아질 수 있겠다고 생각했습니다.

5> 〈벌새의 물 한 방울〉. 츠지 신이치. 코이노니아. 2008.의 내용을 각색함.

아침열기 시간(공유목적과 약속을 다짐하는 시간)이 익숙해졌을 때 몇몇 아이들이 장난을 치고 따라하지 않거나 심지어 그 시간에 다투기도 하였다. 처음에는 강제로 끝까지 읽혔다. 그러나 그것은 또다른 관계의 단절을 만들었고, 자율성이 없어진 아이들의 목소리는 생기를 잃어갔다. 목적이 이끄는 삶이 아니라 강제로 이끄는 삶이라는 것을 알아차렸다. 그래서 아침열기 전에 목적만 읽을 것인지 약속을 읽을 것인지 합의하고 아이들의 눈높이에 맞게 읽어 나갔다. 끝까지 읽는 것을 내려놓으니 아이들의 목소리가 한결 가벼워졌다. 그런 아이들의 목소리를 들으니 칭찬과 격려가 저절로 나왔다. 자발적인 성취가 얼마나 귀한 것인지를 다시 깨닫는다.

1분의 성취가 하루를 좌우할 때도 있었다. 끊임없이 다투고 반복해서 꾸중을 듣던 아이들이 점점 스스로 정한 약속을 잘 지켰다. 자리에 앉아 있는 것조차 힘들어하는 아이들을 억지로 앉혀서 독서나 문제 풀기를 하는 아침자습보다 약속을 읽고, 지키는 것이 아이들을 변화시켰다. 이렇듯 작은 것 하나라도 함께하는 것이 평화적 하부구조를 세우는 밑거름이 된다.

회복적 생활교육은 내비게이션이 아니라 나침반이라고 한다. 이전에는 새로운 생활지도 방법이나 수업기법 등 반짝이는 것이면 치열한 고민 없이 내비게이션을 활용하듯 교실로 가져왔다. 한번에 결과를 얻으려고 했고, 교사인 내가 잘 이끌면 된다고 생각했다.

그런데 교실은 교사를 중심으로 학생들이 태양 주위를 돌 듯 따르는 곳이 아니다. 존재들이 만나고 갈등하며 그 가운데서 실패하고 성장하는 유기체이다. 그러므로 각 사람의 마음과 필요를 들여다보고 나누며 공감하는 일이 매순간 필요하다. 서로를 존재로 수용하기 위해 단 한 사람도 소외되지 않고 존중하는 합의의 과정이 중요하다. 회복적 생활교육으로 어리고 약하게만 보이던 아이들이 스스로 지혜를 모아서 교실공동체를 안전하고 평화롭게 만들어가고 있었다.

갈등은 배움의 기회

매주 월요일 1교시에 신뢰형성서클로 만나고, 학급공유목적을 아침마다 암송하면서 단단한 땅에 미세한 지진이 생겼다. 아이들의 단단한 마음밭이 조금씩 부드러워지는 것이 느껴졌다. 아이들이 함께 손잡고 공유목적을 외치는 모습이 정말 흐뭇했다.

'이렇게 수월한 것을 이제야 알다니! 이렇게 평화적 하부구조를 세우면 되는구나!'

안심하던 어느 날, 문제가 생겼다.

"선생님, 영어시간에 여자애들이 싸워서 연습도 못하고 영어말하기대회 망하게 생겼어요. 근데 오다가 또 싸워서 교장선생님께 다 같이 혼났어요. 아 짜증나."

드디어 갈등을 회복적 생활교육으로 접근할 기회가 온 것인가.

"무슨 일이야?"

손희는 모둠조장인 나리가 친구들에게 '손희는 영어말하기대회 연습에 끼워주지 말자!'고 귓속말한 것을 알고 한쪽에서 울었다. 그리고 친구들은 각각 두 아이 편에 서서 다투다가 영어선생님께 혼이 나고 활동도 하지 못했다. 게다가 교실로 돌아오면서 그 일로 말다툼을 하다가 지나가던 교장선생님께 반 전체가 혼이 난 것이다.

당사자 아이들을 남겨 긴급 회복서클(긴급 RC)[6]을 시작했다.

긴급 회복서클(긴급 RC)의 과정 이해

⊙ **적용 시기** : 갈등이 있는 경우

⊙ **소요 시간** : 10~30분

⊙ **진행 방법**

1) 마음열기

• 대화 초대하기

 – 여러분의 마음이 힘들어보여서 서로의 이야기가 잘 들릴

6▷ 긴급 회복서클(긴급 RC)이란, 도미닉 바터의 회복적 서클(Restorative Circle)의 본 서클 프로세스를 적용한 갈등해결 방법으로 경청과 반영하기를 활용한 프로세스이다. 긴급 회복서클은 학교 안에서 일어나는 소소한 갈등에 대해 비교적 짧은 시간 안에 해결하는 데 효과적이다(출처: 박숙영. 「회복적생활교육을 만나다」, 좋은교사, 2014. 122쪽 인용).

수 있도록 선생님이 돕고 싶어요. 무슨 일이 있었는지 선생님과 함께 이야기해볼까요?

• 대화 방식 약속하기

  - 우리가 이야기할 때 세 가지를 지켰으면 좋겠어요.

  첫째, 말할 기회를 공평하게 줄 거예요. 한 사람이 말하면 상대방은 끝까지 들어주고 자기 차례를 기다려요.

  둘째, 상대방이 말한 것을 잘 들었는지 확인하기 위해 반복해서 되돌려주세요.

  셋째, 상대방이 아니라 자신에 대해 뭘 원하는지 이야기해요.

  - 혹시 더 제안하고 싶은 것이 있나요? 그럼 누가 먼저 이야기할까요?

2) 상호이해

• 그 일과 관련하여 어떤 심정인지 함께 나누기

  - (먼저 말하기로 한 A에게) 그 일로 인해 지금 마음이 어떤가요?

  - (B에게) 어떤 마음이라고 들었는지 이야기해줄래요?(B는 A가 한 말을 되돌려준다)

  - (A에게) 맞나요? (A가 아니라고 하면, 말할 기회를 주고, B에게 무엇을 들었는지 다시 묻는다)

3) 자기책임

- 사람들이 그 행위를 했을 때 충족하려 했던 욕구, 진심이 무엇이었는지 함께 나누기
  - (먼저 말하기로 한 A에게) 그 행동(말)을 했던 그때, 진심으로 원했던 것이 무엇이었나요?
  - (B에게) 무엇을 원한다고 들었는지 이야기해줄래요? (B는 A가 한 말을 되돌려준다)
  - (A에게) 맞나요? (A가 아니라고 하면, 말할 기회를 주고, B에게 무엇을 들었는지 다시 묻는다)

4) 행동계획

- 행동계획을 함께 만들고 동의하기
  - (먼저 말하기로 한 A에게) 두 사람이 바라는 것을 함께 이루기 위해 자신과 상대방에게 각각 부탁하고 싶은 것이 있나요?
    (실천가능하고 구체적인 부탁을 제시하도록 한다.)
  - (B에게) 무엇을 들었나요? (B는 A가 한 말을 되돌려준다)
  - (A에게) 맞나요? (A가 아니라고 하면, 말할 기회를 주고, B에게 무엇을 들었는지 다시 묻는다)
- 실천하기 어려운 점이 무엇인지 서로 듣고 조정하여, 부탁이 강요가 되지 않도록 주의한다.
- 재발방지
  - 서로의 부탁이 잘 지켜졌는지 다시 만나서 이야기해봅시다.

5) 축하, 배움

• 축하와 배움 확인하기

  – 지금 마음은 어떤가요?

  – 대화를 통해 새롭게 깨닫게 된 점이 있나요?

긴급 회복서클(긴급 RC)의 사례

모둠조장인 나리가 여자아이들에게 '손희는 영어말하기대회 연습에 끼워주지 말자!'라고 친구들에게 귓속말한 것을 손희가 듣고 울었고, 반 친구들은 편이 갈려 싸웠다.

1) 마음열기

교사 여러분의 마음이 힘들어보여서 서로의 이야기가 잘 들릴 수 있도록 선생님이 돕고 싶어요. 무슨 일이 있었는지 선생님과 함께 이야기해볼까요?

손희 네.

나리 네. 괜찮아요.

교사 우리가 이야기할 때 세 가지를 지켰으면 좋겠어요.

첫째, 말할 기회를 공평하게 줄 거예요. 한 사람이 말하면 상대방은 끝까지 들어주고 자기 차례를 기다려요.

둘째, 상대방이 말한 것을 잘 들었는지 확인하기 위해 반복해서 되돌려주세요.

셋째, 상대방이 아니라 자신에 대해 뭘 원하는지 이야기해요.
혹시 더 제안하고 싶은 것이 있나요? 그럼 누가 먼저 이야기
할까요?

손희 제가 먼저 할게요.

2) 상호이해

교사 (손희에게) 그 일로 지금 마음이 어떤가요?

손희 나리가 저를 영어대회 연습에 끼워주지 말자고 친구들에게
말해서 화나고 속상했어요.

교사 (나리에게) 어떤 마음이라고 들었는지 이야기해줄래요?

나리 제가 손희를 영어대회 연습에 끼워주지 말자고 친구들에게
말해서 화나고 속상하대요.

교사 (손희에게) 맞나요?

손희 네.

교사 (손희에게) 더 있나요?

손희 나리가 왜 친구들에게 저를 끼워주지 말라고 했는지 궁금해요.

교사 (나리에게) 무엇을 들었나요?

나리 제가 왜 그랬는지 궁금하대요.

교사 (손희에게) 맞나요?

손희 네.

교사 (손희에게) 더 있나요?

손희 아니요. (※더 할 말이 없다고 하면, 상대방에게 발언권을 준다)

교사 (나리에게) 그 일로 지금 마음이 어떤가요?

나리 지난 주말에 함께 모여 영어말하기대회 연습하자고 했는데, 손희는 오지도 않고, 문자 보내도 답도 없었어요. 다음주가 대회인데 손희가 다른 모둠 친구들과 자꾸 이야기하는 게 저는 정말 화나고 답답해요.

교사 (손희에게) 어떤 마음이라고 들었는지 이야기해줄래요?

손희 지난 주말에 모여서 대회 연습하자고 했는데 제가 오지도 않고 연락해도 답도 없었대요. 그리고 다음주가 대회인데 제가 다른 모둠 친구들과 계속 이야기해서 화나고 답답했대요.

교사 (나리에게) 맞나요?

나리 네.

교사 (나리에게) 더 있나요?

나리 네. 근데 손희는 자신의 잘못을 인정하지 않고, 울어버려서 영어선생님은 저만 혼내시고, 다른 친구들도 사정을 모르면서 손희 편을 들어서 정말 속상했어요.

교사 (손희에게) 무엇을 들었나요?

손희 제가 잘못을 인정하지 않고 울어서 나리는 영어선생님께 혼나고 다른 친구들도 제 편을 들어서 속상했대요.

교사 (나리에게) 맞나요?

나리 네.

교사 (나리에게) 더 있나요?

나리 아니요. 다 말했어요.

3) 자기책임

교사 (손희에게) 그때 진심으로 원했던 것이 무엇인가요?

손희 저는 주말에 갑자기 엄마 따라 할머니 댁에 가면서 핸드폰을 두고 갔어요. 그래서 연습에 가지 못했고 연락도 못했어요. 오늘 연습하는데 나리가 화가 난 것 같아 다른 친구에게 물어보고 있었어요. 제가 일부러 연습에 빠진 것이 아니라는 것을 나리가 알아주었으면 해요.

교사 일부러 빠진 것이 아닌 것을 이해받고 싶어?(손희는 '네'라고 대답한다)

(나리에게) 무엇을 원한다고 들었는지 이야기해줄래요?

나리 손희는 주말에 갑자기 엄마랑 할머니 댁에 가면서 핸드폰을 두고 갔대요. 그래서 연습도 못 오고 연락도 못했대요. 오늘 제가 화가 난 것 같아서 다른 친구에게 물어보고 있었대요. 손희가 일부러 그런 것이 아니란 것을 제가 이해해주길 원한대요.

교사 (손희에게) 맞나요?

손희 네.

교사 (손희에게) 더 있나요?

손희 네. 연습이 너무 어려워서 친구들에게 물어본 거지 장난친 게 아니란 것을 나리가 알아주면 좋겠어요.

교사 (나리에게) 무엇을 들었나요?

나리 손희가 연습이 어려워서 친구들에게 물어본 거지 장난친 게 아니란 걸 제가 알아주면 좋겠대요.

교사 (손희에게) 맞나요?

손희 네.

교사 (손희에게) 더 있나요?

손희 없어요.

교사 (나리에게) 그때 진심으로 원했던 것이 무엇인가요?

나리 저는 영어말하기대회를 잘하고 싶어요. 우리 언니가 상 받은 것처럼 저도 꼭 상을 받고 싶거든요. 그래서 손희가 좀 더 집중해서 열심히 해주면 좋겠어요.

교사 (손희에게) 무엇을 원한다고 들었는지 이야기해줄래요?

손희 나리 언니가 상 받은 것처럼 나리도 영어말하기대회를 잘해서 상을 받고 싶대요. 그래서 제가 좀 더 집중해서 열심히 해주길 바란대요.

교사 (나리에게) 맞나요?

나리 네.

교사 (나리에게) 더 있나요?

나리 저는 영어선생님과 우리 반 친구들이 우는 손희 편만 들지 말고 저한테 왜 그랬는지 물어봐주길 원했어요.

교사 영어선생님과 친구들이 마음을 이해해주길 바랐어요?

나리 네 맞아요.

교사 (손희에게) 무엇을 들었나요?

손희 나리는 영어선생님과 우리 반 친구들이 제 편만 들지 말고 왜 그랬는지 이해해주길 바랐대요.

교사 (나리에게) 맞나요?

나리 네.

교사 (나리에게) 더 있나요?

나리 아니요. 없어요.

4) 행동계획

교사 두 사람이 원했던 '이해, 성취'를 함께 이루기 위해 자신과 상
대방에게 각각 부탁하고 싶은 것이 있나요?

나리 저는 손희가 주말에 그런 일이 있었는지 몰랐어요. 그리고
다른 친구들에게 어려운 부분을 물어보려고 했다니 미안해
요. 저는 장난치는 줄 알았어요. 저 자신에게 '친구가 이해되
지 않으면 왜 그랬는지 묻기'를 부탁하고 싶어요. 손희에게는
'무슨 일이 있었는지 솔직하게 말해주고, 영어말하기대회에
더 집중해주기'를 부탁하고 싶어요.

교사 (손희에게) 나리가 손희에게 무엇을 부탁했는지 들은 대로 말
해줄래요?

손희 제가 무슨 일이 있었는지 솔직하게 말해주고 영어말하기대
회 연습에 더 집중해주길 바란다고 부탁했어요.

교사 (나리에게) 맞나요?

나리 네. 맞아요.

교사 (나리에게) 더 하고 싶은 말이 있나요?

나리 없어요. 다 했어요.

교사 (나리에게) 그 부탁이 어떤가요? 괜찮은가요?

나리 네 괜찮아요.

교사 (손희에게) 두 사람이 원했던 '이해, 성취'를 함께 이루기 위해 자신과 상대방에게 각각 부탁하고 싶은 것이 있나요?

손희 저는 나리가 왜 그렇게 열심히 하는지 좀 더 이해하게 되었어요. 저도 나리에게 미안해요. 제 자신에게는 '솔직하게 말하기'와 '연습 열심히 하기'를 부탁하고 싶어요. 그리고 나리에게는 '귓속말 대신 솔직하게 말하기'를 부탁하고 싶어요.

교사 (나리에게) 손희가 나리에게 무엇을 부탁했는지 들은 대로 말해 줄래요?

나리 귓속말 대신 솔직하게 말하기를 부탁한다고 했어요.

교사 (손희에게) 맞나요?

손희 네. 맞아요.

교사 (나리에게) 더 하고 싶은 말이 있나요?

나리 없어요. 다 했어요.

교사 (나리에게) 그 부탁이 어떤가요? 괜찮은가요?

나리 네 괜찮아요.

교사 그럼, 두 친구의 부탁이 잘 지켜졌는지 한 주 후에 다시 만나서 이야기해봅시다.

손희, 나리 네. 노력해볼게요.

5) 축하, 배움

교사 지금 기분은 어떤가요?

손희 마음이 많이 후련해졌고, 나리에게 미안했어요. 앞으로는 힘들어도 솔직하게 말하려고 노력할게요.

나리 손희의 마음이 이해가 되어서 편해졌어요. 다음부터는 무슨 일인지 먼저 물어보고 귓속말하지 않도록 조심할게요.

"선생님 이런 기분 처음이에요. 날아갈 것 같아요. 후련해요"

아이들은 서로 얼굴을 보고 언제 싸웠냐는 듯이 웃으며 집으로 돌아갔다. 교실을 정리하다가 뒷면 환경판의 〈지금 느낌은〉 코너에 시선이 머물렀다. '후련해'에 나리와 손희의 이름이 붙어 있다.

'언제 이걸 붙였지?'

가슴이 뭉클해지며 '아! 회복적 생활교육이 정말 되는구나!' 격려 받는 시간이었다. 그리고 2010년 나를 신고했던 그 아이들이 떠올랐다. 그때도 아이들을 이렇게 만났더라면…….

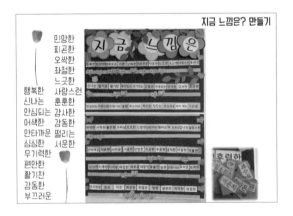

공동체회복서클

아침 등교시간.

교실로 손잡고 들어오는 나리와 손희를 보며 아이들은 눈을 휘둥그레 떴다. 다른 여자아이들은 믿을 수 없다는 듯 귀엣말을 한다.

"뭐야, 쟤네들. 어제만 해도 울고불고 싸우더니."

"쟤네 때문에 교장선생님께도 혼났잖아."

두 아이들은 서로 화해했지만, 반 아이들은 어제에 머물러 있었다. 학급공동체에 미친 영향과 어려움에 대해 솔직히 이야기하고, 문제의식을 공유하는 공동체회복서클이 필요했다. 공동체회복서클은 공동체에 영향을 주는 문제가 발생했을 때 구성원 모두가 함께 모여 이야기를 나누고 문제해결을 시도하는 대화모임으로, 다음과 같은 상황에 적용할 수 있다.

- 교실 내 도난 사건이 발생했을 때

- 교과담임 시간만 되면 싸워서 수업이 힘들 때

- 따돌림과 왕따로 학급 구성원끼리 관계가 깨졌을 때

- 거친 욕과 패드립으로 아이들이 고통 받을 때

- 다툼, 시기, 질투로 신뢰가 깨졌을 때

- 부적응학생으로 아이들이 힘들어 할 때

- 갈등의 당사자가 화해하고 공동체에 끼친 영향에 대해 나눌 때

공동체회복서클에서 나누는 주요 질문[7]은 다음과 같이 적용하였다.

단계		활동 및 회복적 질문
환영 및 서클 열기		– 환영의 말과 여는 의식 – 서클의 약속과 토킹피스 소개 – 사건 개요 설명
이야기 나누기	상황 이해	– 그 일로 지금 마음이 어떤가요? – 무슨 일이 있었나요? – 그때 무엇이 중요했나요?
	영향 파악	– 그 일로 누가 어떤 영향을 받았다고 생각하나요?
	자발적 책임	– 그 피해를 회복하기 위해 내가 할 수 있는 일은 무엇인가요?
	관계 설정 (재발방지)	– 이런 일이 다시 일어나지 않기 위해서 무엇이 필요한가요? – 우리 학급이 어떤 학급이 되길 기대하나요? – 선생님, 친구들, 부모님이 어떻게 도와주면 좋을까요?
	성장의 기회	– 이 모임을 통해 새롭게 배우거나 느낀 점은 무엇인가요?
서클 닫기		– 감사 – 사후 서클 제안

7> 정진, 「회복적 생활교육 학급운영 가이드북」, 피스빌딩, 2016.

공동체회복서클의 사례

1. 환영 및 서클 열기

1) 환영의 말과 여는 의식

영어말하기대회 준비는 잘하고 있나요?

오늘은 어제 나리와 손희 사이에 있었던 일에 대해서 이야기하려고 모였어요. 그 일로 인해 우리 반 모두가 영향을 받았고, 나리와 손희도 힘든 시간을 보냈어요. 우리 반의 공유목적인 '평화, 재미, 배움'을 생각하면서 1분 정도 눈을 감고 조용히 침묵하는 시간을 가집시다.

2) 서클의 약속과 토킹피스 소개

어제 있었던 일이 우리 학급공동체에 미친 영향과 함께 노력할 점에 대해 나누려고 해요. 손희와 나리가 용기를 내어 친구들과 이야기하고 싶다고 해서, 선생님도 고마웠어요. 이 자리가 누군가를 비난하거나 비판하는 자리가 아닌 자신의 이야기를 솔직하게 나누고 함께 고민하는 자리가 되길 바랍니다. 우리 서클의 약속을 함께 읽어볼까요?(서클의 약속을 함께 읽는다) 오늘의 토킹피스는 새 신발입니다. 새 마음으로 발을 딛자는 의미입니다.

3) 사건 개요 설명

- 갈등 당사자인 나리와 손희가 미리 말할 내용과 말할 사람을 정하여 친구들에게 말한다.

그 일로 손희가 대표로 여러분에게 할 말이 있다고 해요. 함께 들어볼까요?

"어제 영어시간에 나리가 '손희는 영어말하기대회 연습에 끼워주지 말자!'라고 친구들에게 말하는 것을 듣고 내가 많이 울었잖아. 나리는 영어말하기대회를 잘 준비하고 싶어서 주말에도 모여서 연습하자고 했는데, 내가 핸드폰도 두고 할머니 댁에 가는 바람에 연락도 못하고 참여하지 못했어. 그 일로 나리는 화가 났고, 연습 시간에 내가 친구들과 자꾸 말을 하니까 논다고 생각해서 다른 친구들에게 끼워주지 말자고 한 것이었어. 우리는 어제 이 일로 서로 대화하면서 오해를 풀고 사과를 했어.

그리고 우리가 다툰 일로 대회 연습도 제대로 못하고, 또 영어선생님, 교장선생님께 반 전체가 혼나는 일이 생겨서 너희들에게 미안하다는 말을 꼭 하고 싶어."

2. 이야기 나누기
지금부터 다섯 개의 질문을 차례로 나눌 거예요. 잘 듣고 솔직하게 이야기해주세요.

1) 상황 이해
그 일로 지금 마음은 어떤가요?

2) 영향 파악

그 일로 누가 어떤 영향을 받았다고 생각하나요?

교사 그 일에 대한 마음을 솔직하게 나눠주어 고마워요. 여러분의
마음을 더 잘 알겠어요. 그럼, 그 일로 누가 어떤 영향을 받았
다고 생각하는지 이야기해주세요. 자신과 우리 반이 받은 영
향에 대해서만 이야기하고, 비난하거나 판단하지 말자고 한
약속을 기억해주길 부탁합니다.

경태 그 다음 주가 영어말하기대회인데 연습을 못하고 있어요.

미라 당사자인 나리와 손희도 사이가 멀어져 불안하고 걱정했을
것 같아요.

광철 우리 반 친구들 모두가 영어선생님과 교장선생님께 혼났어요.

혁 친구들끼리 서로 싸워서 관계가 멀어졌어요.

손희 친구들이 우리 때문에 두 편으로 나누어 싸우는 일이 생겼어요.

나리 우리가 다퉈서 선생님께서 퇴근을 못하시고 늦게까지 긴급 서클을 열어주셨어요

교사 (학생들이 한 이야기의 중요한 내용을 판서하여 함께 볼 수 있도록 한다) 이 일로 친구 관계가 멀어지거나 다른 선생님들이 우리 반에 대해 불편한 마음을 가질까 봐 걱정하는 여러분의 이야기를 들었습니다.

3) 자발적 책임

그 피해를 회복하기 위해 내가 할 수 있는 일은 무엇인가요?

교사 나와 우리 반에 미친 영향을 생각하면서, 그 피해들을 회복하기 위해 자신이 할 수 있는 일은 무엇인지 침묵하며 생각해보겠습니다. 구체적으로 말하면 좋겠고, 준비가 되면 경태부터 나눠주세요.

경태 어제 친구들이 영어 연습할 때 장난치고 있었는데, 이제부터는 열심히 준비해볼게요.

미라 공부시간에 싸우고 우는 친구들을 보며 불편했는데, 앞으로는 친구들이 다툴 때 왜 그런지 먼저 물어볼게요.

광철 그때 손희가 우는 것을 보고 나리에게 화를 냈는데, 사과하고 싶어요.

혁 손희가 원하면, 영어를 잘 외울 수 있도록 중간놀이 시간에
　　도와줄게요.

손희 영어선생님과 교장선생님께 무슨 일이 있었는지 설명하고
　　죄송하다고 말씀드리고 싶어요.

나리 저도요. 저도 긴급서클을 진행하는 방법을 배워서 친구들이 다
　　툴 때 도와주고 싶어요.

교사 (학생들이 한 이야기를 자기책임 카드에 적는다) 우리 반에서 일어난 일
　　에 대해 자신의 노력으로 가져가는 여러분이 대견하고 자랑
　　스럽습니다.

4) 관계 설정
서로 불편했던 관계를 새롭게 하기 위해 어떤 도움이 필요한가요?

교사 선생님이나 친구들에게 부탁하고 싶은 게 있나요? 침묵을 초
　　청하여 잠시 생각하고, 준비가 되면 경태부터 나누겠습니다.

경태 영어선생님이 영어말하기대회 준비 시간을 한 번 더 주면 좋
　　겠어요.

미라 친구들이 귓속말하지 않고, 자신의 생각을 솔직하게 말하면
　　좋겠어요.

광철 교장선생님께서 우리가 잘 화해했다는 것을 알아주시면 좋
　　겠어요.

혁 우리들의 약속에 '다툼이 생기면 서클로 말하기'를 넣으면
　　좋겠어요.

손희 혁이가 한 말에 찬성해요.

나리 선생님께서 긴급서클 하는 방법을 수업시간에 알려주시면
좋겠어요.

교사 (학생들이 한 이야기를 판서한다) 여러분의 제안을 반 게시판에 붙
여놓고 2주 동안 실천해보도록 합시다. 그리고 우리들의 약
속에 '다툼이 생기면 서클로 말하기'를 넣자는 제안이 나왔
는데, 이것에 대한 합의가 필요해요(동의의 과정을 거친다).

5) 성장의 기회

이 모임을 통해 새롭게 배우거나 느낀 점은 무엇인가요?

3. 서클 닫기

• 감사와 사후 서클 제안

오늘 긴 시간 동안 이야기를 솔직하게 나눠준 우리 반 친구들에게 감사합니다. 우리가 함께 이야기를 나눌 때 나온 제안과 약속들을 꼭 기억하고 잘 실천해서 모두가 즐거운 학교생활이 되도록 노력해봅시다. 또 함께 결정한 제안들이 잘 지켜지고 있는지, 지키는데 어려움은 없는지 2주 후에 다시 한 번 서클을 열어서 점검하면 좋겠어요. 마지막 세리모니를 제안합니다. 선생님을 따라서 해주세요.

"우리는 다름을 인정합니다. 나는 소중한 사람입니다. 당신은 고마운 사람입니다. 우리는 5학년 2반으로 연결되어 있습니다."

공동체회복서클의 문을 닫겠습니다.

그 후 나리는 아이들 말로 '선생님빠'가 되었다.

"무엇이든 시켜주세요!"

한 달에 한 번 역할을 정할 때마다 서로 안 가려고 하던 텃밭 지킴이를 자발적으로 지원했다.

"저, 그런 거 엄청 좋아해요."

아침마다 물 조리개를 들고 물 주러 갔다 오는 나리의 모습은 늘 씩씩하고 밝아보였다.

"나리야, 괜찮아?"

"아니요, 안 괜찮아요. 선생님, 아이스크림 사주세요."

웃으며 자신의 책임을 다하던 어느 날, 내일은 텃밭을 갈아엎는다고 방송이 나왔다.

"우리 반 상추 어떻게 하지? 나리야."

"그러게요. 선생님."

그날 점심 먹고 다른 선생님과 한참 업무 이야기를 하다가 교실에 들어온 나는 깜짝 놀랐다. 상추를 담은 비닐봉투가 책상마다 곱게 놓여있었다.

"아니, 김나리. 이거 혼자 한 거야?"

"아니요, 손희하고요. 선생님, 저 기특하죠? 착하죠? 그러니까 아이스크림 사주세요."

지금도 그 아이의 밝은 웃음과 치대는 어깨가 그립다. 패거리를 지어 친구들과 다투고 수업을 방해하던 아이였는데 말이다.

그 뒤로 아이들은 조금만 싸워도 갈등조정 카드를 흔들며 마치 놀이를 하듯 점심시간에 학교 운영위원실로 모였다.

"너희 다퉜어? 여기 앉아봐. 내가 해줄게. 무슨 일이 있었어?"

"무엇을 들었나요? 맞나요?"

제법 그럴싸하다. 그런데 아이들 반응이 더 놀랍다.

"선생님이 해주신 것보다 친구들이 해주면 훨씬 재밌어요."

너를 놓아버릴까 두렵다

5학년 우리 반 광철이는 1학년 때부터 장난이 심하여 모든 선생님들에게 걱정을 끼치는 아이였다. 이 학교를 거친 대부분의 선생님들은 학년이 올라갈 때마다 그 아이를 누가 맡는가가 대단한 관심사였다. 심지어 전근 간 선생님도 일부러 물어볼 정도다. 같은 반 아이들이 날마다 이르는 일 가운데 80퍼센트는 광철이와 관련된 일이었다.

3월 첫날, 나는 단단히 마음을 다지며 출근하였다. 교실 문을 열고 들어서니 책상에 앉아있는 아이, 바닥에서 보드게임 하는 아이, 축구공을 가지고 이리저리 굴리는 아이들이 눈에 들어왔다. 그 와중에 어떤 아이가 책상 위에 책을 놓고 앉아있는지 재빨리 스캔하고 그 아이들을 일으켜 세웠다. 아이들은 무슨 일인지 어리둥절해하는 표정으로 나를 쳐다보았다.

"선생님은 너희들이 4학년 때 장난이 심했다고 들었어. 그래서 오늘 얼마나 난리를 칠까 마음을 단단히 먹고 왔는데, 세상에 3명이나 책을 놓고 앉아있더라. 너희들 정말 멋지다. 너희들 덕분에 올 1년 잘 지낼 수 있을 것 같아. 기대돼."

신기하게도 광철이, 그 아이가 책상 위에 책을 펼쳐놓고 있었던 것이다.

"네가 얼마나 훌륭한 아이인지, 얼마나 대단한 아이인지. 네가 5학년을 얼마나 새롭게 시작하고 싶어 하는지 알 것 같아."

내 칭찬에 머쓱해진 그 아이의 표정에서 5학년짜리 사내아이의 순박함을 보았다. 그러나 그런 인상도 잠시, 광철이는 본색을 드러내듯 하루도 빠짐없이 사고를 쳤다. 체육시간만 되면 아이들을 울렸고, 중국어시간에는 원어민 선생님이 못 가르치겠다고 몇 번이나 교실로 되돌려보냈다. 팔이 부러져서 좀 나아졌나 싶으면 어느새 다리가 부러지고 도무지 몸이 성할 날이 없어서 선생님들이 지어준 별명이 '상이군인'이었다.

그러던 어느 날 아침, 혁이 부모로부터 전화가 왔다.

"선생님, 혁이가 어제 팔이 부러져서 오늘 수술해야 해요. 학교에 못 보낼 것 같아요."

"네? 어제 혁이 생일파티 한다고 빨리 가던데, 무슨 일이래요?"

자초지종을 들어보니, 생일파티를 하는데 초대하지도 않은 광철이가 와서 장난을 치다가 혁이의 팔이 부러졌다는 것이었다. 참 기대를 저버리지 않는 아이다. 혁이는 이틀 후에 학교 대표로 독서토론대회에 나가야 하는데…. 나는 하루 종일 혁이가 걱정되어 안절부절못했다. 그런 애타는 내 마음도 모른 채 광철이는 그날도 운동장에 나가서 3학년 아이들의 야구공을 뺏어서 울리고, 4학년 아이들을 더러운 빗자루로 건드려서 4학년 선생님한테 지도를 바란다는 전화가 오는 등 한꺼번에 민원이 몰아쳤다. 정말, 이 아이를 어떻게 해야 하나 고민하다가 결심하고 아이를 불렀다.

"윤광철! 너 남아! 오늘 끝을 보자!"

나는 광철이와 무릎을 맞대고, 그동안 저지른 광철이의 잘못들을 짚어갔다.

"정말 하루도 빠짐없이 사고를 쳤구나! 이 이야기들을 들으니 어때?"

"근데요, 선생님. 민국이도 했고, 경태도 했어요."

내가 듣고 싶은 말은 '잘못했어요'인데 아이는 변명을 늘어놓는다.

"그래서 초대받지도 않은 생일파티에 가서 혁이 팔을 부러뜨렸냐?"

"치료비 주면 되잖아요. 진짜 저는 집에 언제 가요?"

자신의 잘못을 인정하기는커녕 변명으로 일관하고 회피하려는 태도에 화가 머리끝까지 나서 눈을 치켜뜨며 큰 소리로 야단을 쳤다.

"윤광철! 네가 맞아야 정신 차리겠니?"

나도 모르게 두리번거리며 매를 찾다가 광철이와 눈이 마주쳤다. 그때 겁에 질리고 무서워서 금방이라도 울음을 터뜨릴 것 같은 표정을 기대했는데, 아이의 눈은 다른 말을 하고 있었다.

'선생님도 똑같군요. 그러면 그렇지.'

아무것도 기대하지 않고 체념한 표정과 눈빛….

'아차! 내가 지금 무슨 짓을 하려는 거야!'

지난 4개월을 지켜왔던 무엇인가가 깨지는 것 같았다. 어떤 아이도 소중한 존재이고, 그 안에 내면의 지혜가 있다고 배웠고, 아이들에게도 그렇게 가르쳤는데…. 그리고 그렇게 살고 있다고 믿고 자신했는데, 이 순간에 매를 찾다니.

'나는 그동안 흉내만 내고 있었던 것인가!'

50년 넘게 내 안에 자리 잡은 '엄벌주의'가 여전히 살아있는 것을 발견한 순간이었다. 나는 광철이의 손을 조심스럽게 잡았다.

"너무 지친다. 광철아! 매일의 사건 속에서도 선생님은 너를 믿고 있었고 내가 이렇게 믿음을 주면 너도 바뀔 줄 알았어. 선생님은 너무 지친다. 너를 이러다가 놔버릴까봐, 내가 예전으로 돌아갈까봐 그게 너무 두려워…."

나는 말을 잇지 못하고 두 손으로 얼굴을 감싸고 한동안 흐느꼈다.

'왜 이렇게 눈물이 나지? 왜 아이에게 너를 놔버릴까봐 두렵다고 말하고 있지? 그렇구나. 나는 이 아이를 놓지 않고, 정말 간

절하게 잘 만나고 싶구나. 그런데 매를 찾다니…. 이제 무엇을 더 어떻게 해야 하지?'

2010년 그 아이가 오버랩 되면서 나 자신의 무능력함을 탓했다. 자책이 되었다.

광철이는 우는 선생님 앞에서 어찌할 바를 몰라 했다.

싸움대장이 던지는 회복적 질문

그날은 피구를 하기로 한 날이었다.

중간놀이 시간을 기다리던 아이들은 강당으로 몰려갔다. 강당에 들어서니 피구를 하기는커녕 둘러서서 콘(체육시간에 구획을 나누기 위해 사용하는 교구)을 두고 싸우고 있었다. 광철이와 미라의 다툼에 아이들은 어쩔 줄을 몰라 하며 서 있었다.

교사 아니, 무슨 일이야?

미라 줄서라고 하니 줄도 안 서고, '체육반장이면 다냐? 나대지 마라'며 욕했어요.

광철 네가 나한테 소리 지르고 콘으로 쳤잖아! 다른 애들도 줄 안 섰는데. 긁혀서 피 나네.

미라 와, 안 쳤거든! 네가 와서 부딪쳤잖아.

그런데 이 와중에도 아이들은 선생님 피구 언제 해요, 시간 가요 하면서 보챘다. 일단 약속한 대로 피구를 진행했다. 그리고 광철이 손에 난 상처를 치료한 후 미라와 함께 회복 대화모임에 초대했다. 그때 나리가 슬그머니 오더니 속삭였다.

"선생님, 전에 선생님께서 하시던 것처럼 제가 해보면 안 돼요?"

지난 4월의 긴급 회복서클로 진정한 화해를 경험한 이후 도덕시간에 회복 대화모임 진행을 익혔다. 특히 나리는 다툼이 있을 때마다 조정자를 자원했다. 참 반갑고 기뻤다. 그러나 당사자 아이들이 동의해야 가능하다.

교사 너희는 어때? 나리가 조정해주는 거!

미라 저는 좋아요.

광철 몰라요. 짜증나요! 아무렇게나 하세요!

교사 짜증나는구나. 뭐가 걱정돼?

광철 나리가 미라 편만 들 것 같아서요.

교사 나리가 조정하는 것이 문제가 아니라 미라 편을 들 것 같아서 걱정되는구나.

광철 네.

광철이가 걱정하는 것을 먼저 공감해주었다.

나리 아니야, 이 대화법은 너희들이 한 말을 서로 되돌려주는 거라

편들 수 없어. 대화하고 나면 속이 시원할 거야. 나도 그랬거든.

교사 광철아, 나리의 제안이 어때?

광철 네! 근데 빨리 끝내주세요.

교사 이 대화는 다른 사람이 말할 때 중간에 끼어들면 안 돼. 그리고 들은 대로 이야기해달라고 말하면 들은 것을 이야기해줘야 해. 말할 기회를 공평하게 줄 거야. 이제부터는 나리가 진행할 거야. 선생님은 옆에서 도움이 필요하면 도울게.

나리 아까 강당에서 서로 싸웠는데, 지금 마음은 어때? 누가 먼저 이야기할래?

광철 내가 할게. 나도 콘으로 확 때리고 싶어.

광철이의 말에 나리가 당황한 것처럼 보여 개입하였다.

교사 콘으로 때리고 싶을 만큼 화가 났구나.

광철 네.

교사 그 일로 인해 지금 어떤 감정인지 느낌카드에서 찾아볼래?[8]

8> 교사는 아이들이 사용하는 생각의 언어를 느낌의 언어로 바꾸어주는 것이 필요하다. 특히 화났을 때 표현하는 생각의 언어는 감정과 욕구의 책임을 상대로 돌리기 때문에 이러한 비난과 판단이 상대로 하여금 더욱 반발하게 한다. 그러나 느낌의 언어로 표현하면 문제의 책임을 상대에게 돌리지 않고 자신의 감정만 표현하기 때문에 서로의 말에 귀 기울이게 하여 마음을 연결해주는 효과가 있다.

광철 (느낌카드에서 느낌말을 찾으며) 화나고 억울하고 짜증나!

나리 미라야, 무엇을 들었어? 들은 대로 이야기해줄래?

미라 화나고 억울하고 짜증난대.

나리 광철아, 맞아?

광철 맞아.

나리 광철아, 더 있어?

광철 아니.

나리 미라야, 이 일로 지금 네 마음이 어떤지 이 느낌카드에서 찾아서 이야기해줄래?

미라 서운하고 속상하고 억울하고 화나.

나리 광철아, 무엇을 들었어?

광철 서운하고 속상하고 억울하고 화난대.

나리 미라야, 맞아?

미라 응.

나리 무슨 일이 있었는지 누가 먼저 이야기할래?

미라 내가 먼저 할게. 내가 애들한테 '줄 서'라고 말하고 콘 가지러 가고 있는데, 광철이가 체육부면서 콘도 안 가지러 가고, 지훈이랑 떠들면서 놀고 있었어.

나리 광철아 무엇을 들었어?

광철 내가 체육부인데 콘을 안 가지러 갔대.

나리 미라야, 맞아?

미라 줄도 안 섰고, 떠들면서 놀고 있었다고!

나리 광철아, 무엇을 들었니?

광철 내가 줄도 안 서고, 떠들며 놀고 있었대.

'제법, 대화가 되네.' 나는 슬그머니 웃음이 났다.

나리 미라야, 맞아?

미라 응, 맞아.

나리 더 하고 싶은 말 있어?

미라 체육반장이 얼마나 바쁜지 알아? 줄 세워야 하지, 콘도 놔야 하지, 공도 가지러 가야하지. 너 체육부 아니야? 근데 넌 안 했잖아. 짜증나!

나리 광철아, 무엇을 들었니?

광철 체육반장이 바쁜데 체육부가 줄도 안 세우고 콘도 안 놓고 공 가지러도 안 갔대. 짜증난대.

나리 미라야, 맞아?

미라 어.

나리 더 할 말 있어?

미라 아니, 없어.

나리 미라야, 솔직히 말해줘서 고맙고, 광철이는 잘 되돌려줘서 고마워. 이제 광철이에게 물어볼게. 무슨 일이 있었어?

광철 오늘 학교 끝나고 학원가기 전에 야구하자고 지훈이에게 이 야기하고 있었어. 누구랑 같이 할까 이야기하다가 피구 준비

하는 거 잊어버렸어. 그런데 네가 와서 콘으로 치니까 화가
났어.

나리 미라야, 무엇을 들었니?

미라 학교 끝나고 야구하자고 지훈이랑 이야기하면서 피구 준비
하는 것을 잊어버렸대. 그리고 내가 콘으로 쳐서 화가 났대.

나리 광철아, 맞아?

광철 응. 피가 날 정도였다니까. 그리고 좋게 말로 하지 왜 쳐? 나
는 그게 짜증났어.

나리 미라야, 들은 대로 이야기해줄래?

미라 피가 날 정도였대. 좋게 말로 하지 내가 쳐서 그게 짜증났대.

나리 광철아, 맞아?

광철 응. 그리고 솔직히 줄 안 선 애들 많았는데, 나한테만 그래서
욕이 튀어나왔어.

나리 미라야, 무엇을 들었어?

미라 줄 안 선 애들이 많았는데, 광철이한테만 뭐라고 해서 욕이
나왔대.

나리 광철아, 맞아?

광철 응.

나리 더 하고 싶은 말 있어?

광철 아니, 다 했어.

나리 광철아, 솔직하게 이야기해줘서 고마워. 미라야, 잘 되돌려줘
서 고마워.

나리 너희들은 그때 진심으로 원했던 게 뭐야?

광철 나는 지훈이랑 빨리 야구 약속하고, 중간놀이 시간에 애들한테 할 수 있는지 물어보고 싶었어. 학원가기 전에 재미있게 야구하고 싶었거든.

교사 광철이는 학원가기 전에 애들이랑 재미있게 야구하고 싶고, 그래서 약속을 잡고 싶었구나?

광철 네.

나리 미라야, 뭘 들었어?

미라 광철이는 학원가기 전에 지훈이랑 다른 애들이랑 재미있게 야구하고 싶어서 그 시간에 약속을 잡는 게 중요했대.

나리 광철아, 맞아?

광철 응. 말할 시간이 그때밖에 없어서 우리는 급했어. 그래서 콘 놓는 것을 잊은 거야. 잊은 것은 내가 잘못한 것 같아. 인정해.

교사 광철이 네가 그때밖에 말할 시간이 없었다는 것을 미라가 이해해주길 바랐어?

광철 네.

나리 미라야, 뭘 들었어?

미라 애들이랑 야구하자고 말할 시간이 그때밖에 없어서 급했대. 그래서 잊어버린 걸 내가 이해해주길 원했대. 그리고 자기가 잘못했대.

나리 광철아, 맞아?

광철 응, 맞아.

나리 더 하고 싶은 이야기가 있어?

광철 다 했어.

나리 그럼 미라야, 너는 그때 뭘 진심으로 원했어?

미라 나는 애들이 좀 빨리 줄을 서고, 체육부가 할 일을 해주길 원했어. 선생님께서 체육부장이 책임지고 시작하라고 하셨거든.

교사 애들이 줄을 빨리 서고 체육부도 할 일을 해서 선생님이 오기 전에 체육부장으로서 책임을 다하고 싶었어?

미라 네, 저는 여자도 체육부장을 잘할 수 있다는 것을 보여주고 싶었어요.

교사 아, 그랬구나. 미라는 정말 잘하고 싶었구나!

나리 광철아, 무엇을 들었어?

광철 미라는 여자도 체육부장을 잘할 수 있다는 것을 보여주고 싶었대.

나리 미라야, 그것이 맞아?

미라 응. 맞아.

나리 더 있어?

미라 내가 너를 일부러 친 게 아니고, 콘을 양손으로 들고 오는데 네가 장난치다가 뒤를 못 보고 나랑 부딪친 거야. 부딪치면서 네 손등이 콘에 긁힌 줄 몰랐어.

나리 광철아, 무엇을 들었어?

광철 미라가 일부러 부딪친 게 아니라, 내가 장난치다 뒤를 못 봐

서 부딪쳤고, 그때에 내 손등이 긁힌 줄 몰랐대.

나리 미라야, 맞아?

미라 응. 그래 맞아. 그래도 다치게 해서 미안해.

나리 광철아, 무엇을 들었어?

광철 다치게 해서 미안하대.

나리 미라야, 맞아?

미라 응.

교사 나리야. 정말 대견하구나. 어쩜 이렇게 차분히 잘하는지…. 많이 컸네, 우리 나리! 이제 선생님이 마무리할까요?

교사 광철이가 원했던 재미와 이해, 미라가 원했던 성취와 인정의 욕구를 잘 보살피기 위해 자신에게 부탁하고 싶은 것이 있나요?

미라 혼자 다 하려다 보니 너무 바빴어요. 교실에서 체육부 친구들에게 해야 할 일을 미리 알려야겠어요. 그리고 이해되지 않는 친구의 행동이 있다면 '왜 그랬는지' 물어볼게요.

광철 저는 제 생각만 하느라 미라가 그렇게 힘든 줄 몰랐어요. 특히 여자 체육부장 이야기할 때 좀 놀랐어요. 잘 도와줘야겠다는 생각이 들었어요.

교사 서로에게 부탁할 말이 있어요?

미라 줄 서라고 말하면 장난치지 말고 빨리 서주면 좋겠어요.

광철 다쳤을 때 괜찮은지 물어보고, 실수로라도 쳤으면 미안하다고 하면 좋겠어요.

교사 이렇게 말하고 나니 지금 기분이 어때요?

광철 미라한테 미안해요. 그리고 저한테 미안하다고 해서 고마워요.

미라 광철이가 왜 그랬는지 이해가 됐어요. 다 말하고 나니 후련해요. 그리고 나리가 우리의 말을 들어줘서 고마워요.

나리 저는 두 사람이 화해하는데 도움이 돼서 기뻐요.

교사 두 친구가 마음이 힘들었을텐데 솔직하게 말해줘서 고맙고, 나리가 기꺼이 진행을 맡아주어서 선생님이 흐뭇하고 기뻤어요.

좌충우돌 작은 사건들 속에서 1학기가 지나가고 있었다. 학기말 보건선생님이 넌지시 말했다.

"선생님, 광철이가 달라졌어요. 그 전에는 사납고 반항하는 눈빛이었는데, 이제 뭔가 순한 아이의 눈빛이 되었어요. 4학년 때와 비교하면 정말 달라졌어요."

벅찬 감동이 올라왔다.

'아, 이 아이에게 극적인 변화가 없다고 생각했는데, 달라지고 있었구나.'

자극과 반응 사이에는 빈 공간이 있다.
그 공간에는 자신의 반응을 선택할 수 있는 자유와 힘이 있다.

우리의 성장과 행복은 그 반응에 달려있다.

– 빅터 프랭클

광철이의 마음에 공간이 생기기 시작한 것이다.
자신을 이해하고 다른 사람을 이해하는 마음의 공간!

물총놀이서클

개학 후, 학년별 운동회 계획이 발표되고 우리 학년은 피구, 축구, 야구, 줄다리기 등 반별 게임으로 운동회를 하자고 결정했다. 3일간 계속된 운동회 예선전에서 우리 반은 모든 게임마다 졌다. 그 때문인지 아이들은 평소와 다르게 풀이 팍 죽어 있었다.

"선생님, 우리 내일 줄다리기도 질 것 같아요. 운동회가 재미 하나도 없어요."

"재미가 하나도 없어? 그럼 결승전 할 때 우린 물총놀이라도 할까? 날씨도 더운데."

"와, 좋아요!"

"그래요. 우리 줄다리기 이기고, 신나게 물총놀이해요. 얘들아, 어때?"

광철이가 나섰다.

"좋아, 내일 우리 뭔가 보여주자! 내가 제일 앞에서 당길게. 경태 너는 내 뒤에 서. 너도 힘이 세잖아. 내가 구호 외칠 테니까 너희는 구호 따라서 당겨. 알았지?"

"오, 윤광철! 좋아. 좋아."

"내일 뭐 준비해요? 아! 선생님, 우리 물총놀이 준비 서클해요."

간단하게 물총놀이를 위한 신뢰형성서클을 열었다.

"내일 물총놀이가 어떤 시간이면 좋겠니?"

"재밌으면 좋죠."

"다 같이 하면 좋겠어요. 빠지는 사람 없이. 특히 여학생들 놀이하기 싫다고 앉아 있지 말고 다 하기."

"친구들아, 줄다리기 이기고 물총놀이하면 진짜 좋겠다. 내일 줄다리기 꼭 이기자."

"어떻게 하면 재미있게 물총놀이를 할 수 있겠니?"

"두 편으로 나눠서 하고, 안전지대에 있으면 쏘지 않았으면 좋겠어요."

"등 뒤에 종이를 붙여서 색깔 물을 쏘면 재밌을 것 같아요."

"또 다른 제안은 없니?"

"등 뒤에 붙인 종이가 다 젖으면, 포로존으로 들어가면 좋겠어요."

"물총놀이 시간을 재미있게 보내기 위해 나 자신이나 친구들에게 바라는 점이 있니?"

"물총 없는 친구들은 걱정 마! 우리 집에 두 개 있으니까 가져올게."

"나도 두 개야. 나도 가져올게."

여자 아이들은 "속옷이 표시 나지 않도록 위로는 쏘지 않으면 좋겠어."

매우 진지하게 말을 했고, 남자 아이들은 "어, 그래?"라고 놀란 듯 대답했다.

서클에 참여하는 모습이 참 흐뭇했다. 서로의 합의가 필요한 안건들을 모아 합의하고 정리한 후 내일 열심히 하자고 다짐했다.

다음 날, 줄다리기 경기가 시작되었다. 광철이는 힘깨나 쓰는 아이들을 앞으로 모으고 진두지휘를 했다.

아이들은 줄다리기를 하면서 광철이가 외치는 대로 "영차 영차" 대신 "물총 물총"을 외치기 시작했다. 희한한 풍경이었다. 이 광경을 보던 5학년 선생님들은 배꼽을 잡고 웃었다. 그런데 줄이 점점 우리 반 쪽으로 당겨지는 것이 아닌가! 그렇게 한 반을 이겨 준결승에 진출하더니 결승전에서 무적의 4반과 만났다. 아이들의 "물총 물총" 함성은 학교를 흔들었고 3학년, 4학년도 유리창 밖으로 고개를 내밀 정도였다.

결과는 대승! 물총 줄다리기는 그렇게 해서 우리 반 승리로 끝났다. 가슴 뭉클하고 기뻤던 순간이었다.

그날 오후, 우리 반 아이들은 줄다리기로 흘린 땀을 물총놀이로

식히며 승리의 기쁨을 만끽했다.

친구들과 물총놀이를 하며 이리 뛰고 저리 뛰는 광철이를 보니 웃음이 나왔다. 영락없는 5학년 귀염둥이 모습이다.

'그래, 어떻게 내가 너를 놓아버릴 수 있겠니! 그냥 너는 너일 뿐인데….'

운동회 후 물총 놀이

학예회로 만난 학년서클

학교생활은 이상하게도 1년 내내 바쁘다. 적군을 물리치면 새로운 적군이 오는 것처럼 일들이 몰려온다. 운동회가 끝나고 이제는 학예회 전투모드.

"쌤, 우리 반은 학예회 때 뭐해요?"

"뭐하면 좋겠니?"

"뭔가 멋진 것 해봐요."

"그래? 5학년은 선생님들 두 분이 지도할 수 없어서 반별 프로그램보다는 연합으로 해야 할 형편이거든. 5학년 전체 연합 연극 어때?"

몇 차례의 회의 끝에 인생극장이라는 연극을 하자고 동 학년 선생님과 아이들이 합의했다. 교사 세 명이 5학년 연합 연극으로 무대를 기획했다. 100여 명의 아이들이 30개의 장면으로 나누어 출연하는 규모였다. 장면마다 극적인 연출이 필요했다. 다섯 반을 합쳐놓으니 들뜨고 질서가 없었다. 어떤 팀은 연습 때마다 싸우거나 놀고만 있고, 어떤 팀은 잘 모이지도 않고 적극적으로 하지 않아 애로가 많았다. 무엇보다 우리 반 아이들은 속도감 없는 연습 분위기를 못마땅해했다.

"선생님, 서클 열어야 해요."

오! 반가운 제안이다. 그런데 우리 반에서만 했던 신뢰형성서클이 5학년 전체에서도 가능할까? 그렇지만 회복적 생활교육의 토대 위에 세워진 학예회는 어떤 모습일지 기대되어 서클을 열기로 결정했다. 학예회서클을 위해 먼저 질문을 준비하고 학생들을 모이게 했다.

① 인생극장을 준비하는 지금 마음은 어떠한지?

② 어떤 연합 연극이 되기를 바라는지?

③ 그런 연합 연극을 기대하면 무엇이 기쁘고 무엇이 걱정되는지?

④ 그런 연극을 위해서 자기책임은 무엇이지?

⑤ 선생님이나 친구들에게 부탁할 것은 무엇인지?

⑥ 오늘 이 모임이 나에게는 어떤 의미가 있는지?

아이들은 자신의 이야기를 할 때 가장 신이 난다. 어떤 시인은 우리가 서로에게 자신의 이야기를 할 때[9] 고립과 외로움으로부터 치유된다고 했다. 자신을 아는 것은 자신을 드러내는 것으로부터 시작된다고 하지 않는가. 그리고 열린 마음과 가슴으로 듣는 누군가에게 자신의 이야기를 하는 것을 내가 들으면서 우리는 비로소 자신이 누구인지 깨닫게 된다고 시인은 말했다.

아이들은 자신의 역할과 소품에 대한 불만부터 모둠별로 열심히 하지 않는 친구에 대한 불만과 부탁 등 서로에게 자신의 이야기를 했다. 자기책임을 말하는 동안 들어주고 사과하고 함께 마음이 모아졌다. 물론 장난치는 아이들도 있었지만 참 의미있는 시간이었다.

서클 이후 연극 연습하는 태도가 확 달라지지는 않았지만, 적어도 자신의 물건을 챙기는 태도를 보였다. 선생님이 찾아다니지 않아도 무대 순서를 기다리면서 노는 정도의 모습을 보였고, 무엇보다 싸우는 횟수가 줄어들어 안심이 되었다.

연극 내용은 출생부터 장례식까지 인생의 주요 순간들을 배경음악과 함께 퍼포먼스로 표현하는 형식이었다. 가장 인기 있었던 건 결혼식 장면이었다. 신부로 분장한 가냘픈 남학생을 번쩍 안고 퇴장하는 신랑의 터프한 모습에 학부모와 학생들은 배꼽을 쥐었다. 장례식 장면의 상여를 붙잡고 어머니, 어머니, 하며 진지하게

9▷ Sam Keen & Anne Valley-Fox, in Your Mythic journey

통곡하는 모습에 눈물을 훔치는 선생님들도 있었다.

소품이 많아 챙길 것도 많고 100여 명의 출연진을 챙기느라 분주하고 정신없었지만 웃음과 감동이 있는 무대였다.

학예회를 마치고 5학년 학생들은 어깨를 으쓱하며 뿌듯해했다. 한 학급의 평화적 하부구조가 학년 공동체로 연결된 소중한 경험이자, 소통과 신뢰가 가져다준 선물이었다.

공유하고 싶다!

브레네 브라운(Brene Brown)은 『나는 왜 내 편이 아닌가』에서 '자신의 결점으로 인해 사랑이나 소속감을 누릴 가치가 없다고 생각할 때 느끼는 극심한 고통'인 수치심을 거부하기 위해서 사람들은 반사회적 행동을 선택한다고 했다. 그리고 수치심을 느끼는 사람에게 처벌은 수치심을 강화하는 역할을 한다. 수치심을 거부하기 위해서 더 큰 반사회적 행동을 선택한다. 그 결과 더 큰 처벌을 받고 다시 더 큰 반사회적 행동을 선택하는 악순환이 반복되는 것이다.

그동안 광철이를 비롯한 이 아이들은 서로를 비난하고 평가하는 수치심의 악순환에 노출되어 살고 있었다. 회복을 알지 못했다면 나 또한 이런 패러다임으로 이 아이들을 만났으리라.

3월 첫날, 목적이 이끄는 삶을 살아보자고 초대했을 때 반쯤은

감긴 눈으로 보던, 막막했던 그 아이들의 작은 변화는 어디서 왔을까? 그것은 아이들을 있는 그대로 보자, 아이들의 내면에는 정말 지혜가 있다고 믿자는 회복적 생활교육의 인간관에서 비롯되었다. 아이들을 세심하게 관찰하고 느낌과 욕구를 알아주며 솔직하게 표현하는 것이 중요하다. 그리고 쉽지 않지만 실천하려고 노력하는 것이 중요하다. 아이들은 이런 작은 시도를 존중받는다고 여긴다. 그런 경험 속에서 아이들은 소중하게 대해준 마음에 대해서 고마움을 표현한다.

"얘들아, 다툼이 생길 때, 피하거나 싸우거나 얼어붙지 말고 자신의 생각을 솔직하게 표현하고 공감하며 들어라. 그러면 적어도 상대방과 원수가 되지 않고 뭔가 해결점이 보이기 시작한단다. 갈등은 해결되는 것이 목적이 아니라 자신의 관점을 전환하는 것이야."

내가 회복을 배우며 놀라워했던 지점들을 솔직하게 나눌 때 아이들도 자신의 이야기를 진술하게 드러내기 시작했다. 서클의 힘이 발휘된 것이다. 그렇다! 교실이라는 공간에서 스스로 자신의 잘못을 깨닫고 공동체의 목적을 위해 기꺼이 자기책임을 말하며 평화롭게 자신의 부탁을 표현하는 안전한 공간이라고 믿을 때, 아이들은 더 이상 눈을 크게 뜨거나 움츠리지 않는다. 솔직한 이야기를 편안하게 말할 수 있기 때문이다.

이 변화된 모습을 공유하고 싶었다. 누군가 나처럼 실수하며 마음 아프게 살지 말고 실망하지 않도록 돕고 싶다는 마음에 그해

12월, 수석교사를 지원했다. 수석교사 지원서에 내가 꿈꾸는 교육과 과거와 현재의 교육에 대한 소회와 변화를 솔직하게 진술하였다. 필기시험과 수업시연 구술시험, 면접 등 엄중한 절차를 거쳐 수석교사에 합격하였다. 새로운 시작이다.

종업식을 3일 앞둔 2월 어느날.

수석교사 발령이 나서 짐을 옮기려고 학교에 둔 책이며 교육자료 등을 정리해서 차에 실었다. 그리고 3층 교실에 들어가려는데 도와주던 광철이를 비롯한 말썽꾸러기 3인방들이 자꾸 계단에서 장난을 치며 교실로 올라가지 못하게 했다.

"으이그, 언제 철들래?"

교실 문을 열고 들어서는 순간 나는 깜짝 놀랐다. 아이들이 감쪽같이 이별파티를 준비한 것이다. 사랑을 고백하던 장면에서나 보던 티 라이트 불빛이 은은히 빛나고 교실 한가운데 테이블 위에는 꽃다발과 케이크가 놓여있었다. 한가운데 나를 앉히더니 아이들이 일제히 핸드폰을 들었다. '선생님 사랑해요!'를 흔들며….

전자칠판 화면에서는 지난 1년 동안 알콩달콩 쌓았던 추억의 사진들이 영상으로 편집되어 흘렀다. 나는 마지막 문구에 그만 눈물을 쏟고 말았다.

이제 선생님과 헤어지는 날이 왔네요.
1년 동안 우리 반은 선생님과 함께여서 너무 행복했어요.

선생님을 만나서 비폭력대화도 배우고

서클이라는 것도 알게 되고

마니또도 하고 런닝맨 놀이도 해보고 물총놀이도 하고

바람이 붑니다 게임과 새둥지 태풍놀이와

'지금 느낌은' 활동도 하고

2014년 목적이 이끄는 삶이란 어려운 말도 배우고

버블맵, 서클맵으로 학습장 정리도 하고

첫눈이 많이 온 날 운동장을 뛰어다니며 눈싸움하고

우리가 만든 크리스마스 트리와

'꿈꾸지 않으면' 노래를 날마다 집에 가기 전 소리 지르며

부르던 추억의 그 시간들.

우리 반은 특별하게도 선생님을 만나서

참 많은 추억을 쌓았어요.

첫인상도 좋으시고

우리 뜻을 존중해주시고

저희에게 많은 것을 가르쳐주시려는

선생님을 만나서 정말 좋았어요.

때론 심한 장난도 치고 말썽도 많이 피웠지만

파티도 열어주는 착하고 자랑스런 제자는

저희가 최고죠?

2014년 한 해를 저희와 함께 해주셔서, 저희를 가르쳐주셔서

5학년 2반에 와 주셔서, 저희를 아껴주셔서

정말 감사합니다. 건강하셔야 돼요.

그리고 사랑해요.

나는 지금도 지치거나 울적할 때면 이 아이들이 만들어준 영상을 보며 회복의 힘을 확인한다. 사람을 존중하며 존재로 만날 때 서로 얼마나 빛나고 아름다운지를 가르쳐준 시간이다.

내가 할 수 있는 일은
무엇인가요?

공동체 하부구조 세우기

    회복적 생활교육은 회복적 정의를 기반으로 존중, 책임, 관계라는 핵심가치 위에 교육적 기초를 놓고, 공동체의 열매를 맺는다.[10]

    따라서 회복적 생활교육은 소수의 힘을 가진 이들에게 권력이 집중되지 않고, 구성원 모두가 존중과 배려의 영향력을 주고받는 평화적 압력으로 전환된다. 이때 교사의 권위는 통제를 위한 것이 아니라 학급 공동체의 평화적 압력을 세우도록 전환하는 것이 중요하다. 따라서 교사의 권위도 존중, 책임, 관계에 기반되어야 한다.

    이러한 회복적 생활교육의 지향점을 교실에서 구현하기 위해서는 공동체의 하부구조를 세우는 것이 매우 중요하다. 박숙영은

10> 정진, 『회복적 생활교육 학급운영 가이드북』, 29~30쪽.

『회복적 생활교육을 만나다』에서 공동체 하부구조를 세우는 실천 모델의 단계를 다음과 같이 제시했다.[11]

회복적 공동체를 세우기 위한 통합적 접근방식

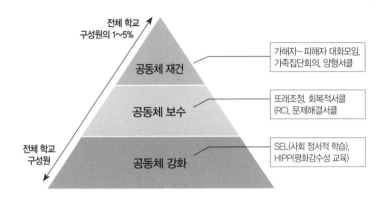

단계를 살펴보면, 첫째, 공동체성 강화 단계는 전체 학교 구성원을 대상으로 하며, 공동체성을 세우고 회복적 문화 토양을 만들어가는 예방적 차원의 과정이다. 공동체 구성원 간의 관계를 견고하게 하는 작업으로 특별히 교실 현장에서 담임교사의 역할이 중요하다. 학생들 사이의 관계를 높여줄 수 있는 정기적이고 지속적인 활동이 여기에 속한다.

둘째, 공동체성 보수 단계는 특정한 사건과 제한된 학생들(구성

11> 박숙영, 『회복적 생활교육을 만나다』, 57~59쪽.

원 중 15%에 해당하며 쟁점과 이슈를 유발함)을 대상으로 하여 문제해결을 목적으로 한다. 일상에서 소소하게 발생하는 학급 구성원들 사이의 갈등이나 학급 전체의 문제를 다룬다.

셋째, 공동체성 재건 단계는 피해자와 가해자가 명확하고 구체적인 피해 회복이 요구되는 문제해결 단계(구성원 중 1~5%에 해당하며, 고위험군 아이들)이다. 학교 공동체 전체의 안전을 위협할 수도 있는 사안으로, 이 단계에서는 문제해결 능력을 갖춘 외부의 조정가나 중재자의 개입이 필요하다.

실제 교실에서 교사가 가장 관심을 두고 에너지를 쏟는 부분은 학급의 1~5%를 차지하는 고위험군 아이들이다. 이는 문제가 표면에 드러나기 때문에, 특별한 문제가 드러나지 않는 소위 평범한 아이들에 대해서는 상대적으로 관심을 덜 갖게 된다. 그러나 학급 내에서 발생하는 문제 해결의 단초는 교사의 권위나 통제가 아닌, 학급 공동체 내에서의 직면과 평화적 압력에 있다. 따라서 교사가 가장 우선시하고 힘을 쏟아야 하는 단계는 관계성이 훼손되기 이전인 '공동체성 강화' 단계이다.

회복적 생활교육의 최종 목적인 평화로운 공동체가 되기 위해서는 학생들이 안전한 공간에서 자발성을 발휘하여 관계성을 향상시키는 노력이 중요하다. 따라서 본 장에서는 이러한 평화적 하부구조 구축 가운데 '공동체성 강화'를 위한 프로그램을 소개하고자 한다.

가이드러너 벌새교실

"시연아, 문제 빨리 풀었네? 민주가 힘들어하는데 도와줄 수 있어?"

"선생님, 저는 수학 익힘책을 얼른 풀고 싶어요. 민주는 여러 번 설명해도 이해를 못해요. 다른 친구가 도와주겠죠."

수업시간에는 문제 해결이 어렵거나 더딘 학생들이 있다. 또래교사로 학생들을 짝지어주었지만 문제를 먼저 해결한 학생은 덜한 친구들을 돌보는 것을 귀찮아한다. 생활면에서도 마찬가지이다.

"상범아, 지현이가 청소도구함 정리를 어려워하는 것 같은데, 도와줄 수 있을까?"

"선생님, 저도 친구들이랑 나가서 놀려고 얼른 청소한 거예요. 지현이가 좀 느긋해서 못 끝낸 거잖아요."

우리 반 학생들은 청소, 줄서기, 과제 해결에 있어서도 개인차가 크고, 아직 해결하지 못한 친구로 인해 자신에게 피해가 갈까 다그치기도 한다. 걸핏하면 다투고 싸우고, 학급 구성원 중 누군가 조금만 실수해도 용납하지 못했다.

그런 모습을 보면서 어떻게 하면 서로를 존중하고 소중하게 여기는 관계를 만들까 고민하던 중에 '연결의 파트너-시각장애인 스키 선수'[12] 에 대한 광고가 눈에 들어왔다. 평창 패럴림픽 출전을 위해 시각 장애를 가진 스키 선수와 가이드러너가 함께 레이스를 펼치는 모습이었다. 가이드러너는 눈이 불편한 선수들을 위해 경기를 같이하면서 결승선을 통과할 때까지 코스를 벗어나지 않도록 눈이 되어 주는 안내자를 말한다. 경기 중 둘은 마이크로폰 등으로 서로 소통하며 함께 코스를 달리고, 결과가 좋을 경우 선수와 가이드러너는 함께 메달을 받는다.
이러한 가이드러너 개념을 우리 반에 적용해보았다. 스스로 돕는 따뜻한 공동체로 학급을 만드는 가이드러너 프로그램을 소개한다.

12> SK텔레콤 '연결의 파트너-시각장애인 스키 선수 편' 광고

⊙ **적용 시기**: 학기초, 단체활동 전

⊙ **소요 시간**: 2차시(80분)

⊙ **준 비 물**: 토킹피스, 센터피스, 영상(연결의 파트너), 안대, 물이
든 컵, 활동지

⊙ **진행 방법**

공간 열기

• (서클로 앉아) 침묵으로 시작하기

초대하는 말

배움의 공간을 열기 위해 잠시 침묵을 초대하겠습니다.

• 서클의 목적과 약속 확인하기
  - 함께 미션을 수행하는 과정에서 서로 돕는 기쁨을 경험하
    여 공동체를 세울 수 있다.

여는 질문

• '함께'라는 말을 들으면 떠오르는 이미지나 색깔은 무엇인가요?
  🅔 저는 '함께'라는 말을 들으면 친구들이 서로 어깨동무하는 모습이 떠올
  라요.
  저는 우리가 서클 할 때의 모습과 노란색이 떠올라요. 마음이 따뜻해지
  기 때문이에요.

주제 활동1

• 연결의 파트너 영상 보기

  - 2018 평창 동계 패럴림픽을 준비하는 양재림 스키선수와

    그의 가이드러너인 고운소리 선수의 영상

초대하는 말

누군가에게는 보이는 세상보다 함께 있다는 믿음 하나가 세상의 전부인 사람이 있습니다. 2018 평창 패럴림픽의 양재림 알파인 스키선수는 그 믿음의 짝 덕분에 대한민국 모든 국민들의 열띤 응원과 호응을 받았습니다. 메달리스트보다 더 인기 있었던 이유는 양재림 선수의 가이드러너 고운소리 선수와의 경기모습 때문입니다. 두 사람의 이야기를 영상으로 만나보겠습니다.

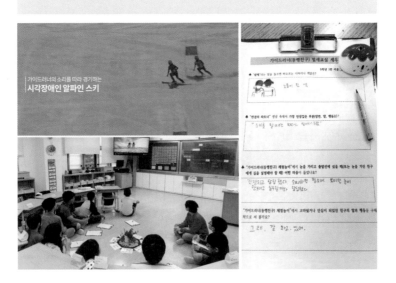

주제 질문1

• 가장 인상 깊은 부분(장면, 말, 행동)은 무엇인가요?

> 예 저는 '자신보다 타인을 더 믿는 경기, 앞서가는 이보다 뒤따르는 이가 승패를 좌우하는 경기'라는 말이 기억에 남습니다.
>
> 저는 '앞이 보이지 않는 상황에서 소리로만 따라가야 하니까 믿지 않으면 절대 따라갈 수 없어요.'라고 말한 부분이 인상 깊었습니다.
>
> 저는 두 선수가 함께 코스를 내려오는 모습이 인상적이었습니다. 보통 스키 경기에 선수 혼자 내려오는 것을 보았는데, 함께 하면 더 안심이 될 것 같기 때문입니다.

주제 활동2

• 가이드러너 체험 놀이하기

초대하는 말

스키 코스를 달리는 선수들처럼 우리는 5학년의 여정을 살아갑니다. 새학기 첫날이 출발선이었다면 5학년 마지막 날이 결승선이 될 것입니다. 우리는 그것을 향해 달려가지요. 때론 내가 빨리 달릴 수 있어 결승선을 얼른 통과하고 싶지만, 저기 늦게 달리는 친구가 결승선을 통과하지 못하고 있다면 경기는 아직 끝난 게 아닙니다. 우리는 서로 연결되어 있기 때문이죠. 그리고 어떤 부분에서는 나도 늦게 달리는 선수일 때도 있습니다. 우리가 서로의 가이드러너가 되어 함께 그 결승선을 통과할 때 어떤 마음일까요? 활동으로 만나보겠습니다.

① 출발선과 결승선 사이에 물이 든 컵을 배치한다.

② 2명씩 짝지어 가이드러너와 계주선수의 역할로 나눈다.

③ 계주선수는 안대를 한 뒤 출발선 앞에 서고, 신호에 맞춰 출발한다.

④ 가이드러너는 옆에서 코스를 설  명하거나 격려의 말을 해주며, 계주선수가 장애물(물컵) 사이를 통과하여 결승선까지 오도록 돕는다.

주제 질문2

• 눈을 가리고 출발선에 섰을 때 어떤 마음이 들었나요?

> **예** 앞이 보이지 않으니 불안하고, 가이드러너를 하는 친구가 잘 설명할지 걱정이 되었습니다.
> 저는 혹시 물 컵을 발로 차게 될까봐 조마조마 했어요.

• 눈을 가린 친구에게 길을 설명해야 할 때 어떤 마음이 들었나요?

> **예** 어떻게 하면 친구가 물 컵 사이를 잘 지나갈 수 있도록 설명할지 걱정이 되었어요.
> 제가 생각했던 것보다 친구의 걸음 폭이 크거나, 제가 '조금만 오른쪽으로 돌아'라고 하는데 제 생각보다 많이 돌 때 당황스러웠어요.

• 고마웠거나 안심이 되었던 친구의 말과 행동은 무엇이었나요?

> **예** 저는 가이드러너 친구가 옆에서 '잘하고 있어.'라고 이야기 해줄 때 힘

이 생겼어요.

저는 친구가 '오른쪽으로 90도만큼 돌아. 앞으로 두 걸음을 가'라고 구체적으로 이야기 해줘서 안심이 되었어요.

저는 눈을 가린 친구가 결승선을 통과하고 '네 덕분이야.'라고 말할 때 정말 고마웠어요.

주제 활동3

• 가이드러너 퍼즐 놀이하기

① 반 아이들의 등에 '함께'의 중요성을 담은 격언이나 속담을 한 글자(음절)씩 써서 붙여준다(이때 학생의 수준에 따라 음절이 아닌 초성만 쓰고, 이미지나 문제 등의 힌트를 같이 넣어 글자를 맞춰보게 할 수도 있다.).

> 📌 우리 더불어 숲이 되어 지키자
> 백지장도 맞들면 낫다

② 제한시간 내에 자신과 반 친구들의 등에 있는 글자를 조합하여 문장을 완성한다.

③ 글자 순서대로 서서 함께 큰 소리로 읽으며 정답을 확인한다.

주제 질문3

- 퍼즐을 맞추면서 가장 힘들었던 것은 무엇인가요?

  (예) 친구들이 서로의 글자를 읽겠다고 돌아다니고 있어서 문장 맞추기가
  어려웠어요.
  정말 어떤 문장인지 알 수가 없어서 답답한데, 어떤 친구가 "망했다"라
  고 말하니 포기하고 싶었어요.

- 도움이 되었던 친구의 말이나 행동은 무엇인가요?

  (예) 서연이가 "'더불어'랑 '지키자' 아니야?"라고 말했을 때 우리도 맞출 수
  있다는 희망이 보였어요.
  제가 "얘들아, 모두들 뒤 돌아봐. '지키자'는 거의 확실하니까, '지키자'
  를 붙인 친구들이 나와서 우리의 등을 보고 순서를 맞추면 될 것 같아."
  라고 말했을 때, 민호가 "그래, 그러자."라고 하고 다른 친구들도 내 말
  대로 해줘서 고마웠어요.

- 학급에서 나에게 도움이 필요한 부분과 내가 도움을 줄 수 있
  는 부분은 무엇인가요?

  (예) 저는 수학을 잘 못하니까 잘 하는 친구들이 와서 설명해주면 좋겠고, 저
  는 청소를 빨리 끝내니까 아직 다 못한 친구를 도울 수 있을 것 같아요.
  저는 고민이 생긴 친구의 이야기를 잘 들어줄 수 있고, 제가 친구들이랑
  놀거나 이야기하다가 수업 시간을 잘 지키지 못할 때가 많아서 누군가
  타임키퍼를 해주면 좋겠어요.

- 나만의 우리 반 가이드러너 역할에는 무엇이 있을까요?

  (예) 학습 가이드러너, 상담 가이드러너, 청소 가이드러너, 시간 가이드러너 등

  TIP 학생들이 말한 가이드러너 역할을 종이에 정리하고 교실 뒤편에 게시하여,
  도움이 필요한 학생들이 해당 가이드러너를 찾아갈 수 있도록 한다.

닫는 질문

• 활동을 통해 새롭게 깨닫게 된 점이나 배움으로 가져가고 싶
은 점은 무엇인가요?

> **예** 저는 혼자 하면 어려운 일도 함께 하면 더 쉽게 한다는 것을 알았고, 친
> 구들이 잘하는 것이 다 다르다는 것을 알게 되었습니다.
> 저는 제가 잘 하는 것으로 다른 사람을 돕는 것이 기쁘고 신나는 일이라
> 는 것을 알게 되었습니다.
> 저는 가이드러너와 시각 장애인 선수가 둘 다 결승선을 통과해야 경기
> 가 끝나는 것처럼 우리 반 모두 다 결승선을 잘 통과했으면 좋겠다고 생
> 각했습니다.

우리 반 학생들은 수업 중 문제를 풀다가 어렵거나 막히면 주저
하지 않고 "나 가이드러너 필요해."라고 말한다. 또 문제를 빨리
해결한 학생들은, "가이드러너 필요한 사람?" 하고 묻는다. 심지
어 가이드러너를 자청하는 친구가 "내가 도와줄까?" 하면 그 친
구에게 "응, 도와줘." 하고 선생님의 도움보다 더 반긴다.

학습뿐만이 아니다. 줄 서서 교담 수업을 가기 전에 다른 친구
들의 의자가 책상 안으로 밀어 넣어졌는지 확인해준다. 자신이 맡
은 구역의 청소를 마친 후에는 가이드러너가 필요한지 확인하여
더딘 친구의 청소를 돕는다. 어려우면 포기하지 않고 도움을 요청
하고 또 그 요청에 자발적으로 돕는 구조가 만들어지면서 교실은
훈훈하고 풍성해졌다.

실제 교실에서 생활하다보면 아이들은 친구를 돕는 일에 인색
하다. 서로 돕는 것보다 공평함을 더 중요시하는 아이들이 많아지

고 있다. 그런 아이들이 나도 언젠가는 도움이 필요할 때가 있고, 서로 돕고 사는 것이 얼마나 소중한지 이 활동을 통해 배울 수 있었다고 입을 모았다. 자신의 연약함을 솔직하게 표현하고, 수용될 때 비로소 아이들은 학급을 진정한 공동체로 받아들인다.

공동체 속 소중한 나, 완소꽃

"선생님, 도화지 한 장만 다시 주시면 안 될까요?"

"또 버렸어? 어디보자, 괜찮은데 선생님 보기에는."

미술시간에 그림을 그릴 때 유난히 도화지를 많이 쓰는 학생들이 있다. 이런 학생들의 특징 중의 하나는 틀린 것을 못 견뎌 지우개를 많이 사용한다는 것이다. 그렸다 지우기를 반복하여 하얀 도화지가 닳아도 또 지우개로 지운다. 작은 실수에도 어쩔 줄 모른다. 또 학급역할을 정할 때 결정을 하지 못하거나 자꾸 바꿔달라고 보채는 학생들이 있다. 가창이나 악기 연주 수행평가를 본다고 하면 슬그머니 화장실을 가거나 갑자기 보건실에 간다고 하여 교사를 난처하게 만들기도 한다.

조세핀 킴에 의하면 이런 모습을 보이는 학생들을 자존감이 낮은 아이들로 설명한다. 그가 말하는 자존감 낮은 아이들의 특성은 다음과 같다.

1. 질 것 같거나 못할 것 같으면 그만두거나 포기한다.
2. 과정보다는 결과를 중시한다.
3. 좌절감을 감추기 위해 필요 이상의 장난을 친다.
4. 자신이 해야 할 것을 미룬다.
5. 다른 사람의 비위를 맞추려고 행동한다.

이렇게 자존감이 낮은 학생들은 가족이나 친구들을 포함한 주변 사람이 자신을 싫어하거나 관심이 없다고 생각한다. 아무도 자신을 좋아하지 않는다고 단정하거나 혹은 자신의 행동이 그런 결과로 이어질까 걱정한다. 이런 학생들에게 인정과 지지에 대한 확신을 심어주기 위하여 완소꽃 활동을 하면 자신의 존재와 가족의 소중함을 확인하게 된다. 그러므로 자신의 결정에 대해 머뭇거리는 일이 줄어드는 모습을 볼 수 있다.

이 프로그램은 자신의 소중함과 함께 가족의 소중함도 생각해 볼 수 있고, 무엇보다 자신을 둘러싼 가족이나 친구의 관계망을 객관적으로 볼 수 있어 평화적 하부구조를 세우는데 매우 유용하다. 여기서 완소꽃이란, '완전 소중한 꽃'을 의미한다.

⊙ **적용 시기** : 학기초, 학기말

⊙ **소요 시간** : 2차시(80분)

⊙ **준 비 물** : 토킹피스, 센터피스, 네임펜, 색종이컵, 띠지, 딱풀,
포스트잇, 작은 초, 가스점화기, 차임, 영화 〈The
Bear〉편집 영상, 6x6질문지, 서로 다른 색 주사위

⊙ **진행 방법**

공간 열기

• (서클로 앉아) 빛 초대로 시작하기

초대하는 말

교실에 빛을 들여오기 위해 촛불천사를 초대하여 우리 마음
의 촛불을 함께 밝혀보겠습니다.

• 서클의 목적과 약속 확인하기

  - 내 인생의 소중한 것을 돌아보고, 나를 끝까지 믿고 응원하는
    완소(완전 소중한 사람)를 만날 수 있다.

여는 활동

• '주사위를 굴려라' 활동하기

① 4~6명이 한 모둠으로 앉는다.

② 각 모둠에 6×6단으로 나뉜 질문지와 주사위 2개씩을 준다.
이때 주사위의 색깔을 달리하여 가로와 세로를 정한다.

③ 모둠에서 돌아가며 주사위 2개를 동시에 던져 해당되는 질문의 답을 한다.

> **TIP** 질문지 질문은 학생들이 직접 만들어 활동할 수도 있다.

- 질문지 내용은 다음과 같다.

- 자신이 한 일 중에 가장 만족스러운 일은?
- 가족 중에 가장 내 편은?
- 마음이 힘들 때 가장 생각나는 사람은?
- 최근에 친구에게서 들은 가장 기억되는 말은?
- 가장 기억에 남는 선생님은?

여는 질문

- 내 인생에서 '소중한'이라는 말을 들으면 떠오르는 사람은 누구인가요?

> **예** 저는 엄마가 가장 먼저 떠올랐어요. 제게 가장 소중해요.
> 저는 할머니가 떠올랐어요. 어렸을 때 부모님과 떨어져 할머니 댁에서 살았거든요.

주제 활동 1

• 내 인생의 완소꽃 만들기

① 내 인생에 소중한 분을 5~7명 떠올리기

② 각 띠의 앞면에는 그 분의 이름을 적고 뒷면에 소중한 이유 적기

③ 띠를 종이컵의 바깥벽에 붙여 완소꽃 완성하기

④ 4인 1조 모둠에서 구성원 한 명당 3~5분씩 '왜 소중한가요?' 에 대해 나누기

⑤ 솔직하게 말하고 공감하며 듣도록 분위기 조성하기(잔잔한 음악 등)

TIP 활동의 시작과 끝을 함께하기 위해 종(차임)에 대한 약속을 확인한다.

예 한 번 치면 멈추고, 세 번 치면 시작하기

 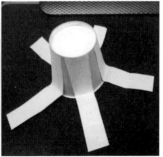

주제 활동 2

• 완소에게 생긴 어려움 공감하기

① 모둠원은 완성된 완소꽃을 가운데에 모으고 눈을 감는다.

② 진행자는 각 모둠의 완소꽃 탑을 옆 모둠으로 옮겨놓는다. 이때 진행자는 완소꽃 탑의 원래 모둠을 기억해 둔다.

③ 각 모둠원들은 눈을 감은 상태에서 완소꽃을 하나씩 가져간다. 그 중 꽃잎을 두 장 뜯어내어 구긴 후 컵 안에 넣고, 다시 모둠 가운데에 탑으로 쌓아놓고 눈을 감는다. 이때 자신이 가져간 완소꽃이 누구의 것인지 확인하지 않도록 주의한다.

④ 진행자는 완소꽃탑을 원래 모둠으로 옮겨놓는다. 눈을 뜨고 자신의 완소컵을 가져가 확인한다 .

활동을 정리하는 말

우리는 때로 "모르고 그랬어."라는 말을 들으면 "정말 몰랐어?"라고 상대방을 의심합니다. 그러나 상대방은 정말 몰라서 실수할 때가 있지요. 방금 완소꽃잎을 뜯을 때의 상황처럼 말이지요. 우리는 그 완소꽃이 당사자인 사람에게 얼마나 소중한지 알지 못했습니다. 이 일로 화난 당사자가 듣고 싶은 말은 무엇일까요? 바로 진심을 담은 사과입니다. 우리 모두 피해자이고, 또 가해자였습니다. 진심을 담아 서로에게 "정말 미안해."라고 합시다. 모르고 한 말과 행동이 상대방에게는 이렇게 슬픔을 안겨준다는 것을 알았습니다. 그래서 우리는 말과 행동을 늘 조심해야 합니다.

주제 질문 2

※ 모둠별로 질문지를 주어 나누도록 한다 .

• 완소꽃이 훼손된 것은 무엇을 의미하나요?

　예 다치거나 아프거나 혹은 죽는 것이에요.
　싸워서 다시 보지 않거나 멀어진 거예요.

• 훼손된 완소꽃을 보는 지금 마음은 어떤가요?

　예 저는 할머니 띠지가 떨어져 나가서 속상하고 슬퍼요.
　저는 저랑 가장 친한 친구의 띠지가 구겨져서 많이 놀라고, 화도 나요.

- 나에게 이런 일이 일어난다면, 이 완소꽃의 사람들은 어떤 마음일까요?

  (예) 할머니는 너무 놀라고 슬퍼하실 것 같아요. 쓰러지실까봐 걱정돼요.
  제 친구도 저처럼 많이 놀라고 힘들어 할 것 같아요.

닫는 활동

- 영화 〈The Bear〉 편집 영상 보기

  - 아기 곰이 퓨마에게 쫓기다 울부짖을 때 어미 곰이 나타나 뒤에서 포효하며 아기곰을 구해주는 영상

닫는 질문

- 우리에게는 어떤 일이 있더라도 나를 끝까지 믿어주고 기다려주는 사랑하는 존재가 있어요. 우리를 최고로 애정하는 사람들, '최애'라고 줄여 말하기도 해요. 우리를 최애라고 불러주는 그 분을 지금 만난다면 무슨 말을 하고 싶은가요?

  (예) 저는 할머니께 키워주셔서 감사하고, 제가 효도할거니까 건강하게 오래오래 사시라고 말하고 싶어요.
  저는 친구에게 '나랑 친구해줘서 고마워. 사랑해.'라고 말하고 싶어요.
  저는 부모님께 속상하게 해드려서 죄송하다고, 사랑한다고 말씀드리고 싶어요.

- 오늘 활동으로 내 삶에 가져가고 싶은 것과 느낀 점은 무엇인가요?

  (예) 저는 부모님, 할머니가 제게 얼마나 소중한지 다시 느꼈고, 제 옆에 계셔서 든든했습니다.

예 저는 지난번에 친구랑 살짝 말다툼하고 눈치보고 있었는데, 먼저 사과
해야겠다고 생각했습니다.
저는 저를 소중하게 대해주는 사람들이 많다는 것을 생각하니 안심이
되고 기뻤습니다.

자존감은 자신이 사랑받을 만한 가치가 있는 소중한 존재이고
어떤 성과를 이루어낼 만한 유능한 사람이라고 믿는 마음이다. 인
간은 가깝게는 부모, 형제, 또래 등 관계를 통해 자신을 판단하고
자존감을 형성해 간다. 그리고 이것은 다시 자기 판단과 대인관계
에 영향을 미친다. 자신을 둘러싼 관계에 대해 확인하고, 그 관계
가 얼마나 긴밀하게 연결되어 있는지 인식하는 것은 그래서 중요
하다.

이 활동을 통해 학생들은 관계 속에서 자신이 얼마나 소중한지
를 성찰로 가져갔다. 그리고 그 소중함의 관점으로 주변을 바라보
았다.

숨어있는 아이들을 찾아라!

2018년 10월 14일 서울 강서구의 PC방에서 아르바이트를 하던 청년이 칼에 수 십 차례 찔려 사망하는 사건이 일어났다. 살인혐의로 기소된 피고인 김성수(30세)에게 법원은 징역 30년을 선고하면서 "피고인의 행동은 매우 잔혹하고 사회 일반에 공포를 불러일으켰다."고 판결 사유를 밝혔다. 최근 빈발하고 있는 이러한 사회 범죄를 이웅혁 건국대 경찰학과 교수는 이렇게 말한다.

"사회에서 좌절과 실패를 겪으면서 증오를 가진 이들이 벌이는 '외로운 늑대'형 범죄가 사회 안전을 위협한다. 이런 범죄를 개인 문제로 치부해버리지 말고 원인을 파악해 그에 맞는 정책을 수립해야 한다."(국민일보, 2019.4.18.)

이렇게 잔혹한 범죄를 저지른 사람의 학창시절은 어땠을까? 김성수 동창생들의 인터뷰 내용이다.

"친했던 사이는 아니어서 정확히 기억나진 않지만 평소 조용히 학교를 다닌 탓에 큰 문제를 일으켰던 적은 없었다. 학창시절 모습만 돌이켜보면 이런 끔찍한 범행을 저지를 거라고는 상상도 못할 것이다. 같은 학교를 나온 다른 동창들도 크게 놀랐다."(아시아경제, 2018.10.22.)

이처럼 우리의 교실에는 핵폭탄처럼 위험을 내포하고 있으면서도 평소 큰 문제를 일으켰던 적이 없어 교사의 눈에 띄지 않는 아이들이 있다. 이러한 숨어있는 아이들은 자존감이 매우 낮고, 관계망이 단절되어 있어 군중 속의 섬처럼 살아간다. 그렇다면 이 숨어있는 아이들은 어느 그룹에 속해 있을까? 브랜다 모리슨의 통합적 접근에 의하면 고위험군 5%, 쟁점과 이슈를 유발하는 아이들 15%, 일상의 평범한 아이들 80% 중 이 숨어있는 아이들이 들어설 자리가 없어 보인다. 표면적으로는 80%에 속한 것처럼 보이나, 건강한 정서가 없으면서도 평화적 하부구조로 포장되어 숨어있다.

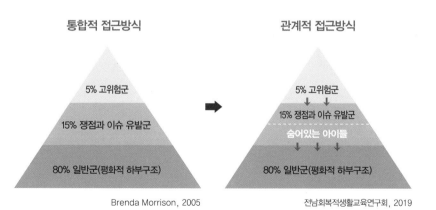

통합적 접근방식   관계적 접근방식

5% 고위험군

15% 쟁점과 이슈 유발군

80% 일반군(평화적 하부구조)

5% 고위험군

15% 쟁점과 이슈 유발군

숨어있는 아이들

80% 일반군(평화적 하부구조)

Brenda Morrison, 2005   전남회복적생활교육연구회, 2019

어떻게 하면 이 숨어있는 아이들이 외로운 늑대가 아닌 소속감을 가진 공동체의 구성원으로 건강하게 사회를 살아갈 수 있을까? 이것에 대한 답을 에릭슨의 정체성 이론에서 찾을 수 있다. 그는 한 개인이 건강한 사회 구성원으로 살아가기 위해서는 청소년기에 긍정적 자아정체감 형성이 매우 중요하다고 했다.

숨어있는 아이들의 긍정적 자아정체감 형성을 위한 공동체의 관계적 접근을 돕는 프로그램을 소개한다.

내 마음의 교실 위치

'왜 우리 반 아이들은 이렇게 단합이 안 되지? 이상하게 아이들이 서로 안 친하네. 이유를 물어도 속 시원한 답을 들을 수 없으니 참 답답하네.'

아이들은 교실이라는 같은 공간에 살고 있지만, 힘의 역학 관계에 따라 각자 교실에 대해 다른 이미지를 가지고 있다. '나는 우리 반의 중심이야.'라고 생각하는 아이일수록 힘을 더 많이 가졌을 가능성이 높다. 흔히 '아싸(아웃사이더의 줄임말)', '인싸(인사이더의 줄임말)', '핵인싸(핵인사이더의 줄임말)'라는 말로 아이들 스스로 자신의 위치를 인식하는 경향성이 있다.

이 프로그램은 교실에서 자신의 위치를 나타내고, 성찰질문을 통해서 자신을 돌아본 다음 그것이 다른 사람이나 학급에 어떤 영향을 미쳤는지 성찰하게 한다. 이를 통해 내가 바라는 학급을 만들기 위해 자신의 역할과 책임을 생각해보는 시간을 갖는데 목적이 있다.

- ⊙ **적용 시기**: 2학기 초, 공동체를 강화할 때
- ⊙ **소요 시간**: 3차시(120분)
- ⊙ **준 비 물**: 토킹피스, 센터피스, 4절지(학생수에 따라 종이크기 조절) 2장, 포스트잇(A4 1/4), 색 종이컵과 흰 종이컵은 학생 수만큼 준비, 네임펜, 미션지는 학생 수만큼 보이지 않게 접어서 준비, 느낌욕구 자석카드, '야식 배달부 김승일의 You raise me up' 영상
- ⊙ **진행 방법**

공간 열기
- (서클로 앉아) 침묵 초대로 시작하기

초대하는 말

배움의 공간을 열기 위해 잠시 침묵을 초대하겠습니다.

- 서클의 목적과 약속 확인하기
- 내 마음의 교실을 통해 2학기 우리가 바라는 교실을 이야기하며 서로가 연결되고 평화로운 교실을 만들 수 있다.

여는 활동

- '미션 가위바위보' 활동하기

① 음악에 맞춰 교실을 돌다가 진행자의 신호에 따라 둘씩 짝지
   어 선다.

② 짝과 미션지를 서로 교환하고 가위바위보를 한다. 결과(비겼
   다/이겼다/졌다)를 먼저 말한 친구가 승리한다.

③ 진 친구는 이긴 친구에게 미션을 수행한다 .

   예 미션: 친구 업고 교실 한 바퀴 돌기
   　　　　'고맙다 친구야'를 크게 세 번 외치기

- 반가(학급노래) 부르거나 반 구호 외치기

여는 질문

- 우리 반을 떠올리면 생각나는 것을 이미지 카드에서 골라 나
   눠볼까요?

   예 서로 악수하는 카드를 골랐어요. 친구들과 서로 재미있게 지내는 반이
   　　되었으면 좋겠어요.

주제 활동 1

- 내 마음의 교실 컵 만들기

① 자신의 이름을 흰 종이컵과 색 종이컵 밑면에 각각 적기

② 느낌컵 만들기-흰 종이컵의 옆면에 1학기 우리 반을 떠올리
   면 어떤 느낌이 드는지 2~3가지 적기

   예 기쁘다, 아쉽다, 속상하다 등

③ 바람컵 만들기-색 종이컵의 옆면에 내가 원하는 2학기 우리

반의 모습(바람) 적기

> **예** 존중, 재미, 소통 등

주제 질문 1

• 느낌과 바람을 서클로 나눠볼까요?

> **예** 기쁘다. 왜냐하면 친구들과 재미있게 놀았기 때문이다.
>
> 아쉽다. 왜냐하면 친한 친구가 전학을 갔기 때문이다.

> **예** 존중. 욕을 하거나 싸우지 않으면 좋겠다.
>
> 재미. 한 달에 한번은 라면파티를 하면 좋겠다.

주제 활동 2

• 내 마음의 교실 위치 1

① 전체서클 중앙에 4절지를 놓는다.

② 우리 교실에서 나는 어디에 위치하는지를 생각하고, 침묵하

며 느낌컵(흰 종이컵)을 놓게 한다.

③ 컵을 놓을 때 침묵하고 응원하는 마음으로 지켜보게 한다

주제 질문 2

• 위치 확인 질문

- (컵을 놓는 학생의 모습을 살피며) 그곳에 놓은 이유가 있나요?

예 제가 교실 밖에 컵을 놓은 이유는 저는 친한 친구가 별로 없어요.

• 행동 질문

- (컵을 놓는 학생의 모습을 살피며) 마음의 교실 중앙에 컵을 놓는
것을 보았는데, 실제로 중심인 것처럼 행동한 적이 있나요?

예 제가 말한 대로 항상 친구들이 따라주기 때문이에요.

• 성찰 질문

- (흩어져 있는 컵을 가리키며) 이 컵과 저 컵이 가까워지려면 몇 개의
컵이 필요할까요?

- 네가 친구 컵을 살짝 밀고 놓았는데 이유가 있을까요?

- 교실과 걸쳐지게 놓은 이유가 궁금해. 다시 놓는다면 어떻
게 하고 싶어요?

- 친구의 말을 들어보니 어때요?

- 전체의 모습이 어떠한가요? 서로가 가까워지려면 무엇이
필요할까요?

주제 활동 3

• 내 마음의 교실 위치 2

초대하는 말

1학기를 생각하면서 떠올린, 기쁘고 즐거운 마음이 계속되기 위해서 혹은 속상한 마음이 기쁘고 즐거운 마음으로 바뀌기 위해서 여러분은 2학기의 바람을 이 컵에 적었습니다. 여러분이 정말 잊지 못할 6학년 2학기, 소중한 2학기 시간을 보내기 위해서 우리 반의 이미지를 만들어보겠습니다 .

원이나 꽃이나 하트처럼, 우리 반에 어울리는 이미지를 떠올려보세요. 단, 서로 의논하지 않습니다. 순서에 따라 컵을 놓고, 먼저 놓은 사람들이 만들고자 한 이미지를 추측하며 자신의 컵을 놓습니다.

① '내 마음의 교실 위치1' 옆에 4절지를 놓는다.
② 내가 원하는 2학기 우리 반의 모습(바람)을 생각하며 4절지에 바람컵을 놓게 한다.

느낌컵으로 내 마음의 교실 위치를 나타낸 모습　　바람컵으로 우리 반의 이미지를 나타낸 모습

주제 질문 3

• 성찰질문

- 우리 반을 생각하면 떠오르는 이미지를 만들었는데 무엇이 떠오르나요? 제목을 붙여볼까요?

  예 나비가 떠올라요. 서로 의논도 하지 않았는데 나비 모양을 만들었다는 것이 정말 신기해요.

  모래시계라고 붙이고 싶어요. 시간이 지나가니 서로 사이좋게 지내자는 뜻이에요.

- (아이가 한 행동을 눈여겨보고)떨어진 두 컵 사이에 자신의 컵을 놓는 것을 보았어요. 어떤 마음으로 그렇게 했어요?

  예 그렇게 해야 모양이 만들어질 것 같아서요.

  제 컵이 들어가면 서로 가까워질 것 같아서요.

• 위치확인 질문

- (아이가 한 행동을 눈여겨보고) 이쪽에도 빈 자리가 많았는데 그 쪽에 놓은 이유가 있나요 ?

• 성찰 질문

- 앞서 느낌컵으로 만든 교실과 방금 바람컵으로 만든 교실을 비교해봅시다. 두 교실은 어떤 점이 다른가요?

  예 느낌컵 교실은 서로 떨어져 있는데, 바람컵 교실은 옹기종기 모여 있어요. 느낌컵 교실에는 교실 밖에 있는 컵들도 있는데, 바람컵 교실에는 모두 교실 안에 들어와 있어요.

• 솔직하게 말해줘서 기쁩니다. 옆 친구와 하이파이브!

• 내 마음의 역할

초대하는 말

여러분은 어떤 역할을 할 것인지 자기책임을 이야기해봅시다. 우리 반에 반장, 부반장 등의 역할이 있는 것처럼, 보이지 않는 마음의 교실을 만들기 위해서는 마음의 역할이 필요해요. 예를 들면, 마음이 아플 때 치료해주는 사람, 유머로 웃음을 만들어주는 사람, 교실을 청소해주는 사람 등. 멋진 우리 반을 위해서 내가 마음으로 할 수 있는 역할을 함께 이야기해봅시다.

① 우리 반을 위해서 내가 할 수 있는 마음의 역할을 생각하여 포스트잇에 '나는 우리 반의 ~이다. 왜냐하면 ~이기 때문이다.'로 쓰기

🅔 나는 우리 반의 지우개이다. 왜냐하면 친구들의 속상함을 지워주고 싶기 때문이다.

② 자신이 쓴 내용을 서클로 나누고 포스트잇을 센터피스 주위에 붙이기

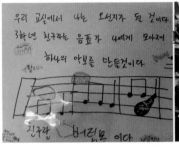

주제 활동 5

• 친구란?

① '야식 배달부 김승일의 You raise me up' 영상 보기

② '친구란 OOO이다.' 포스트잇에 쓰고 서클로 나누기

닫는 활동

• 오늘 내 마음의 교실 활동을 마치면서 좋았던 점, 배운 점, 실천할 점을 말하여 봅시다.

• (둥글게 서클로 서서 함께 동작하며) '우리는 다름을 인정합니다. 나는 소중한 사람입니다. 친구는 고마운 사람입니다. 우리는 서로 연결되어 있습니다.'를 말하며 마무리한다.

개학서클, 방학 어떻게 보냈니?

여름방학이 끝나고 개학이 다가오면 교사는 살짝 긴장한다. 1학기를 함께 지낸 아이들인데도 새로 만난 듯 어색하고 쑥스럽기 때문이다. 서먹한 것은 아이들도 마찬가지이다. 이런 어색함을 잘 활용하면 오히려 학급의 안정감으로 연결될 수 있다. 개학서클이 그 학급의 안정감을 지원한다. 개학서클로 평화적 하부구조를 세워보자. 순서는 다음과 같다.

⊙ **적용 시기**: 개학 후

⊙ **소요 시간**: 2차시(80분)

⊙ **준 비 물**: 토킹피스, 센터피스(아이들이 개학날에 각자 가져온 여름방학생활과 관련된 물건)

⊙ **진행 방법**

마음 열기

• (서클로 앉아) 욕구 명상으로 시작하기

초대하는 말

선생님이 시작의 차임을 울리면 눈을 감고 방학 동안 흩어졌던 마음 조각들을 하나로 모으는 활동을 하겠습니다. 집중해봅시다(차임을 울리고 잠시 침묵으로 초대한다). 나는 눈을 감습니다. 나는 의자에 앉아있고 내 발은 이 교실 바닥에 안전하게 딛고 있습니다. 내 발은 지구의 중심을 향하고 있고 또 그런 중심을 향하는 마음들은 나와 우리 교실의 안전을 응원합니다. 숨을 천천히 들이쉬어 보세요. 마음의 긴장을 풀고 다시한 번 숨을 천천히 쉬어보세요. 잘하셨습니다. 숨을 깊이 쉬어보세요. 마음이 안정되고 차분해집니다. 내가 발을 딛고 있는 이곳으로 현재의 내 마음을 데려옵니다. 잘하셨습니다. 차임이 울리면 눈을 뜹니다.

• 서클의 목적과 약속 확인하기
  – 방학생활과 개학에 대한 기대를 함께 나누며, 새로운 시작을 맞이한 자신을 격려한다.
• 토킹피스 소개하기

먼저 오늘의 토킹피스를 소개할게요. 이것은 손전등입니다. 선생님이 여름방학에 캠핑을 다녀온 추억을 나누고 싶어서 가져왔습니다. 이 손전등의 불빛이 여러분의 추억을 하나하나 밝혀주라는 의미도 있습니다.

여는 질문

• 지금 나의 감정을 날씨로 표현해볼까요?

　예 지금 내 마음의 날씨는 맑음입니다. 오늘 서클을 하기 때문입니다. 등

공동체놀이

• 공동체놀이: 방학에 뭐 했어?

① 원으로 둥글게 앉고 의자 하나를 뺀다.

② 술래 외에 의자에 앉은 친구들이 다 같이 외친다.

　"방학동안 뭐 했어?"

③ 술래는 방학동안 한 일을 말한다.

　"가족들과 여행 갔어."

④ 술래가 한 말에 해당된 사람은 자리를 옮기고, 이때 술래는 얼른 빈 의자에 앉는다.

　TIP 자리를 옮길 때 바로 옆자리로 옮길 수 없으며, 술래는 한 번만 한다.

• 방학 중 가장 기억에 남는 일을 여러분이 가져온 물건과 연관
  지어 나눠볼까요?

주제 질문 2

• 2학기를 시작하는 여러분에게 이 물건들이 어떤 응원의 말을
  건넬까요?

> 예 핸드폰이 제게 "공부하다 힘들면 가끔 나랑 게임하자."라고 할 것 같아요.
> 배드민턴 라켓이 제게 "2학기 배드민턴 대회도 걱정하지 마! 우린 할
> 수 있어."라고 할 것 같아요.

- 서클을 통해 나눈 이야기와 공동체놀이를 통해 새롭게 깨닫
게 된 점이나 배움으로 가져가고 싶은 점을 나누어볼까요?

  예 집에서 게임하면서 뒹구는 것보다 학교에서 친구들과 이야기 나누는
  것이 더 재밌었어요.
  친구들이 방학동안 어떻게 지냈는지 알게 되었고, 친구들의 이야기를
  더 경청해야겠다고 생각했어요. 집에 가면 오늘 나눈 질문을 엄마와 나
  눠보고 싶어요.

개학날 아침, 학생들은 방학동안 있었던 일을 이야기 하느라 선생님 앞에 옹기종기 모인다. 방학동안 다양한 이야기들을 간직하고 돌아온 학생들의 이야기를 교사가 한정된 시간 안에 듣기는 어렵다. 서로 나누는 시간을 주더라도 학생들은 심리적으로 방학동안의 생활에 머물러 학교의 일상으로 돌아오는 것을 힘들어 한다.

개학서클을 미리 공지하고, 방학동안 가장 의미 있었던 물건을 가져오게 하는 것부터 학생들에게는 자신의 방학생활을 성찰하고 정리하는 계기가 된다. 또한 서클 속에서 자신의 이야기를 학급 구성원 모두가 듣는 것은 존재로 수용되는 경험이다. 개학서클은 자신에게 의미 있는 물건을 매개로 새로운 환경에 적응할 스스로를 응원하는 과정이다. 개학서클을 통해 학생은 교실공동체에 대한 기대와 희망이 생긴다.

영화로 만나는 '다름'

영후는 3학년인데도 5학년처럼 덩치가 크고 힘이 세다. 체육시간에 피구, 풋살 같은 게임을 하면 영후는 주로 팀의 주장을 맡았고, 영후가 있는 팀은 대부분 이겼다. 교실로 돌아와서도 진 팀의 학생들은 화가 나서 소리를 질렀고, 누군가는 울었다. 무슨 일이 있었는지 물었더니 학생들의 성토가 이어졌다.

"영후가 우리를 때릴까 봐 겁나요."

"영후는 힘이 너무 세서 같이 체육하면 재미가 없어요."

아이들이 말할 때마다 화가 나서 얼굴이 벌게지는 영후를 보니, 마음이 조마조마했다.

그렇게 한참을 영후에 대해 불편한 마음만 말하던 아이들 중 갑자기 한 여학생이 뜬금없는 말을 했다.

"그런데요, 영후는 급식을 안 남기고 다 먹어요."

"맞아. 전에 제가 도서관에 학급문고 반납할 때 무거운 책 옮기는 것도 도와줬어요."

갑자기 교실 공기가 달라지는 것을 느꼈다.

어떤 아이는 밥을 잘먹고, 어떤 아이는 옷 갈아입는 것을 싫어하고, 어떤 아이는 누가 손을 잡거나 하는 접촉을 싫어하는 등 저마다의 특성을 가지고 있다. 그 특성이 수용되는 가정에서 벗어나 학교에서 수용되지 않는 경험을 할 때 저항을 느낀다. 서로의 다름이 '너는 틀렸어.'로 반응할 때 아이들 사이에는 갈등이 생기고 그 갈등은 또 다른 갈등을 낳는다. 어떻게 하면 아이들이 틀림이 아닌 다름으로 서로를 인정할 수 있을까?

어렸을 때부터 문자보다 영상을 가까이 해온 지금의 아이들에게 영화는 이러한 접근을 할 수 있는 매력적인 도구이다. 영화와 같은 서사물은 학생들의 상상력을 자극한다. 직접적인 설명보다 새로운 시선을 공유하고 이야기를 더 다채롭게 나눌 수 있는 매개체가 된다. 이때 영화 전체를 보는 것도 좋지만 시간이 여의치 않을 때에는 조각 영상을 활용하는 것도 도움이 된다. 조각 영상을 통해 진행했던 수업 중 안전한 공동체를 세우는 프로그램을 소개한다.

⊙ **적용 시기:** 학기초, 학기중
⊙ **소요 시간:** 2차시(80분)

⊙ **준 비 물**: 토킹피스, 센터피스, 영상(영화 원더를 간추린 영상 10분),

⊙ **진행 방법**

공간 열기

- 빛 초대로 시작하기

> **초대하는 말**
>
> 교실에 빛을 들여오기 위해 촛불천사를 초대하여 우리 마음의 촛불을 함께 밝혀보겠습니다.

- 서클의 목적과 약속 확인하기
  - 자신에 대해 솔직하게 나누며 서로의 다름을 인정하고, 서로에게 힘이 되어줄 수 있는 방법을 찾아 실천할 수 있다.

- 〈원더〉 영상 보기

> **초대하는 말**
>
> 선생님이 소개하려고 하는 친구는 여러분과 같은 12살(한국 나이)입니다. 호기심 많고 긍정적인 이 친구는 오늘 학교라는 곳에 처음 왔다고 해요. 이 친구에게 어떤 사정이 있는지 궁금하지요? 여러분이 가장 좋아하는 8월을 이름으로 가진 '어기'를 소개합니다.

- 영화 속 인상 깊은 장면이나 대사를 이야기해볼까요?

    예 저는 어기가 학교에서 세 명의 친구들을 만날 때 그 친구들이 눈을 똑바로 맞추지 못하는 것이 기억에 남습니다. 저라도 어기가 상처받을까 봐 얼굴을 똑바로 보지 못할 것 같아요.

    저는 줄리안이 어기에게 얼굴에 무슨 짓을 했냐고 물어서 놀랐어요. 어기가 나는 왜 이런 얼굴로 태어났는지 모르겠다고 울 때, 어기의 엄마가 얼굴은 우리가 지나온 길을 보여주는 지도이기 때문에 못생긴 것이 아니라고 말씀하신 것이 기억에 남아요. 어기가 다시 용기를 얻었기 때문입니다."

공동체 놀이

- 공동체놀이: 여우와 토끼굴

① 놀이를 할 수 있을 정도의 구역을 정하고, 선을 넘지 않도록 약속한다.

② 여우(술래) 역할과 토끼 역할을 할 친구를 남기고, 둘씩 짝지어 한쪽 손을 서로 잡아 토끼굴이 되어 구역 내에서 듬성듬성 서고, 이동하지 않는다.

③ 여우는 토끼를 쫓고, 토끼는 도망가다 토끼굴을 맡은 친구의 한쪽 손을 잡는다. 이때 바깥쪽 친구는 토끼가 되어 도망간다.

④ 여우가 토끼를 닿으면 역할을 바꿔서 놀이를 진행한다.

> **TIP** 토끼 역할의 친구가 토끼굴 역할하는 친구의 손을 잡을 때, 바깥쪽 친구와 잡은 손을 재빨리 놓아주어 도망가는 것을 돕도록 안내한다.

주제 질문

- 영화 속 어기의 얼굴처럼 내가 헬멧으로 숨기고 싶은 점은 무엇인가요?

  예 저는 수학 곱셈을 어려워한다는 것을 숨기고 싶어요.
  저는 곱슬머리가 너무 심해서 머리를 풀고 오면 지저분해지는 것을 숨기고 싶어요.

- 영화 속 어기의 과학 실력처럼 내가 자랑스러워하는 점은 무엇인가요?

  예 저는 제가 친구들의 마음을 잘 공감해주는 점이 자랑스러워요.
  저는 전교 학생회 선거나 글짓기 대회 등 늘 도전하려고 노력하는 점이 자랑스러워요.

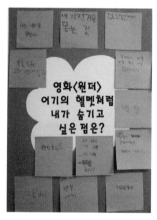 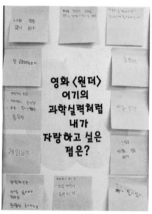

- 내게 상처가 되었던 말은 무엇인가요?

  (예) 저는 "넌 뚱뚱하잖아."란 말을 들었을 때 속상했어요.
  저는 친구가 "너 그거 못하잖아."라고 말했을 때 상처가 되었어요.

- 내게 힘을 주었던 말은 무엇인가요?

  (예) 저는 바둑 시험 앞두고 힘들어 할 때 엄마가 "두기 싫으면 다음에 두자."라고 말씀하셔서 힘이 되었어요.
  저는 운동회 때 계주 선수였는데 뒤처져 있을 때 누군가 "할 수 있어. 괜찮아."라고 외쳐줘서 힘이 되었어요.

- 내게 힘이 되어준 우리 반 친구와 이유는 무엇인가요?

  (예) 저는 제가 꾸중을 들어 속상할 때 제 단짝친구가 제 이름을 불러주는 것을 들으며 힘이 생겼어요.
  저는 제가 청소가 늦어서 다같이 급식 먹으러 늦게 갈까 봐 걱정했는데 부반장이 와서 제 구역 청소를 도와주었을 때 힘이 되었어요.

- 누군가 내게 힘이 되어주었던 것처럼 나도 우리 반 누군가에게 힘이 되어줄 수 있는 구체적인 방법은 무엇인가요?

  (예) 저는 예전에 어떤 친구에게 "너 그거 못하잖아."라고 말한 것이 기억나는데, 앞으로는 "괜찮아. 넌 할 수 있어."라고 말하려고 노력해야겠어요.

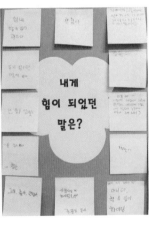

- 서클을 통해 새롭게 깨닫게 된 점이나 배움으로 가져가고 싶은 점은 무엇인가요?

  예 외모는 어쩔 수 없는 것인데 놀리는 것은 잘못된 것 같아요 등

영화 주인공인 어기가 시간이 갈수록 자신의 모습을 당당하게 인정하고 드러내는 모습은 학생들에게 자극이 되었다. 이 활동을 통해 학생들은 어기의 외모가 '틀림'이 아니라 '다름'임을 인정하는 모습을 보였다. 그리고 자신이 평소 약점이라고 생각하는 부분에 대해 부끄러워하면서도 서클의 중심을 향해 기꺼이 나눴다. 솔직한 이야기를 들은 학생들은 평소 그 약점을 가지고 별명을 부르며 놀린 일에 대해 미안해했다. 학생들의 이런 상호작용은 교실 속에서 자신을 솔직하게 드러내는 것이 수치스럽거나 부끄러운 일이 아니며 서로를 배려하고 다름을 인정하기 위한 발판임을 경험하는 귀한 계기가 되었다.

어떤 도움이 필요하세요?

무너진 하부구조 세우기

"영호야! 아무리 화가 나도 그렇지, 민수 얼굴 좀 봐라. 코피가 나고 안경도 부러지고. 친구를 이렇게나 때리면 어떻게 하냐?"

"에이 ××, 왜 나만 갖고 그래요. 민수랑 이 애들이 내 뒷담화 했단 말이예요. 선생님도 알면서 해결 안 해주잖아요."

"어휴, 그저께도 그 친구들이랑 상담했어. 네가 모르는 거지."

A반에서는 매일 큰소리가 들린다. 학생들은 방과후교실에 갈 시간까지 꾸중을 들으며 진술서를 쓰고 있다. 학생들 간의 뒷담화와 헛소문은 왕따와 따돌림으로 이어졌다. 이대로 가다가는 학폭위가 열려도 이상할 게 없을 정도이다. 집단 상담, 개인 상담 등 담임교사와 학교의 계속되는 노력에도 상황은 좀처럼 좋아지지 않는다. 오히려 "선생님은 왜 우리 아이만 갖고 그래요?"라고 학부

모들이 항의를 한다. 상황이 이렇다 보니 이 반 담임선생님은 늘 신경이 곤두서 있다. 수업시간에도 생활지도를 하느라 제대로 수업을 해본 적이 언제인지 까마득하다. 선생님의 꾸중을 들은 학생들은 억울하다며 상대방이 잘못하기만을 벼른다. 학교폭력으로 신고하겠다고 으름장을 놓으면서 말이다. 학생들도 선생님도 늘 조마조마한 이 교실을 어떻게 하면 좋을까?

새 학기가 진행되면, 학생들은(3장에서 다루었던) 새로운 관계망을 형성하기도 하고 어긋나기도 하면서 일 년을 살아간다. 학생들 간의 관계망이 어긋나면서 생기는 갈등은 공동체를 흔들기도 한다. 뒷담화, 헛소문, 왕따, 따돌림 등 관계적 폭력으로 확산되어 평화적 하부구조에 심각한 위협이 된다.

갈등이 문제 행동으로 이어질 때 교사는 학생들이 잘못을 반성하고 다시 반복하지 않도록 생활지도나 훈육을 한다. 문제 행동의 정도가 심할 경우에는 처벌 등의 조치를 취한다. 학생을 처벌하는 목적은 변화이다. 배움의 과정에 있는 학생들의 잘못된 행동에 대해 수치심을 자극하여 변화하게 하려고 처벌과 비난을 한다. 하지만 내재화된 수치심은 자신의 존재를 부정하고 비난하며 얼어붙게 한다. 오히려 관계의 회복을 어렵게 만드는 것이다. 범죄자들의 예를 보면 반복적인 처벌과 비난의 결과가 행동을 변화시키기보다는 악화시킨다는 것을 쉽게 알 수 있다.

'삶이 갈등을 만들고 갈등이 삶이다.'라는 말이 있다. 성격과 성장 경험이 서로 다른 학생들이 모여 생활하다 보면 갈등이 생기는 것은 자연스러운 일이다. 이처럼 자연스럽게 생길 수밖에 없는 갈등을 성장의 기회로 전환하는 것이 필요하다.

관계형성 과정에서 생기는 갈등으로 공동체가 흔들릴 때, 자신의 문제를 표현할 수 있는 안전한 공간을 마련해주는 것이 중요하다. 학생 상호간에 생겨난 문제와 갈등은 당사자들이 문제해결과정에 자발적으로 참여하여 책임질 때, 회복되는 과정으로 가기 쉽다. 이 역할을 교사가 감당하려면 내면의 힘이 필요하다. 따라서 본 장에서는 교사가 자신의 내면을 돌볼 수 있는 자기돌봄 프로세스와 무너진 하부구조를 세우는 학급지원 프로그램을 소개하고자 한다.

교사 자기돌봄 프로세스

왜 나는 안 되지?

C학교의 B교사는 새내기 교사이다. B교사는 담임을 맡고 있는 반의 A학생 때문에 무척 힘들다. 이 학생은 수업 태도가 불량하고 툭하면 같은 반 친구에게 주먹질을 하여 학부모가 항의하는 등 하루 평균 5건 이상의 문제를 일으킨다. 그래서 이런 문제 행동에 대해 지도하면 "왜 저만 갖고 그러세요?" 하며 대든다. 타이르며 칭찬도 하고 벌을 주기도 하는 등 할 수 있는 일은 다해보았지만 소용이 없다.

B교사는 자신이 경력과 경험이 부족하여 잘 지도하지 못한다는 자책이 든다. 그냥 이 학생을 포기하고 싶다는 마음이 들면서 교사로서의 한계를 느낀다. 선배 교사들의 조언과 충고를 듣고 적용해보았지만 상황은 좀처럼 나아지지 않고 지쳐가기만 한다.

이 사례가 단지 새내기 교사만의 어려움일까? 교사라면 누구나 겪었을 이런 일들은 학생 못지않게 교사도 상처받고 아파한다는 사실을 환기시킨다. 2019년 8월 국회 국정감사[13]에 따르면 2017년 부터 2019년 8월까지 3년간 교원들의 심리상담과 법률지원상담 이용 횟수가 전국적으로 1만4952건에 달했다고 한다. 이는 직접 기관에서 운영 중인 교원치유센터의 심리상담과 치료, 법률상담 이용 현황만을 분석한 것으로, 지원센터의 각종 예방 프로그램 이용 건수와 외부기관 이용 건수를 합치면 훨씬 더 많을 것으로 추정된다. 그만큼 교육현장이 버겁기도 하고, 또 학교 공동체 내에 그 아픔을 나눌만한 안전한 대상이 없음을 반증한다.

김태현은 『교사, 삶에서 나를 만나다』(2016)에서 '교사들도 자신의 상황과 감정을 제3의 눈으로, 관찰자의 시선으로 봐야 한다. 현재 내가 어떤 감정 상태에 있는지를 조용히 살펴야 한다. 무엇을 바쁘게 하기보다는 잠시 모든 일을 내려놓고 내가 나에 대해서 어떻게 느끼고 있는지 내가 느끼는 감정이 무엇인지를 정확히 알아차려야 한다.'고 강조한다. 교사가 상처받고 아플 때 격려하고 지지해주는 교사 자기돌봄 프로세스가 필요하다. 교사의 자기돌봄 프로세스를 공동체적 접근(whole process)과 개인적 접근(self process)으로 나누어 살펴보고자 한다.

13> 2019. 8. 15 국회 교육위원회 소속 이찬열 의원이 제출한 국정감사 자료

공동체로 만나는 내면의 방

안전한 공동체 조성을 위해 무엇보다 아늑한 분위기를 연출하는 것이 좋다. 마음 열기는 침묵명상으로 내면의 방으로 초대하고, 음악과 시로 마음을 다독인다. 주제 활동으로 '지지의 정원'과 '듣고 싶은 말 쓰기'로 자신과 만난 후 성찰한 것을 나눈다. '나에게 보내는 편지'로 성찰을 정리하여 스스로를 격려한다.

- ⊙ **시기**: 학기중, 학기말
- ⊙ **소요 시간**: 2차시(80분)
- ⊙ **준 비 물**: 카페 느낌의 공간, 편안한 음악, 시, 격려·지지·응원의 말이 쓰인 카드, 색지, 편지지, 사인펜 등
- ⊙ **진행 방법**

마음 열기

- (서클로 앉아) 침묵으로 시작하기

초대하는 말

마치 하루가 그렇듯 우리의 내면에도 빛과 어둠이 찾아옵니다. 어둠은 그것이 주는 쉼과 평안이 있지만, 오래 내면을 덮고 있으면 절망 속에서 길을 잃기도 합니다. 그때 찾아오는 한 줄기 빛은 우리를 다시 숨 쉬게 하고 걷게 하지요.

- 음악 & 시와 함께하기

  편안한 의자에 앉아 '자신을 만나는 음악의 세계'로 들어오기를 초대한다. 위로와 지지의 노랫말이 담긴 노래 등을 준비하면 좋다.

  〈함께하면 좋은 노래〉

  - 걱정 말아요 그대 (곽진언 & 김필)

  - 모든 날 모든 순간 (폴킴)

  - 꿈을 꾼다 (서영은)

  공간 곳곳에 놓인 시 중 자신의 마음에 다가오는 시를 들고 원하는 자리에서 음미한다.

  〈함께하면 좋은 시〉

  - 칵테일 파티 (T.S.엘리엇)

  - 나는 시작을 선택합니다 (박노해)

  - 그런 벗 하나 있었으면 (도종환)

주제 활동

- '지지의 정원' 산책하기

  격려·지지·응원의 말들이 놓인 센터피스 주위를 걸으며 자신이 듣고 싶은 말을 떠올린다.

우리는 매일 새롭게 태어난다
우리가 타인에 대해 알고 있는 것은
우리가 그들을 알았던 순간들에 대한
우리의 기억뿐
그리고 그때 이후로
그들은 변했다

우리는 기억해야 한다
우리가 매번 만날 때마다 우리는
새로운 사람을 만나고 있다는 것을

- T. S. 엘리엇 <칵테일 파티> 중에서 (류시화 옮김)

- '듣고 싶은 말' 쓰기

  색지에 듣고 싶은 말을 쓴 뒤 자신을 잘 공감해줄 것 같은 사람에게 다가가 그 말을 듣고 싶은 이유를 설명한다. 상대방은 안아주면서 그 사람이 듣고 싶었던 말을 들려준다. 역할을 바꿔서 한 뒤 2~3사람에게 더 찾아간다.

- '나에게 보내는 편지' 쓰기

  한 달 후의 자신에게 하고 싶은 이야기를 편지로 쓴다.

닫는 질문

- 소감 나누기
- 닫는 시: 멀리서 빈다 (나태주)

공동체로 만나는 내면의 방을 경험한 교사의 글이다.

스피커를 통해 흘러나오는'그대여 걱정하지 말아요'에 울음소리를 숨기고 끊임없이 흐르는 눈물을 닦았다. 별 보고 출근하고 별 보며 퇴근하며 늘 분주하고 바쁘게 뛰어다니던 내게 '괜찮아, 너를 먼저 살펴도 괜찮아.'라고 말해주는 것 같았다. 사방 코너에 정성스레 놓여있는 시의 정원에서

저게 저절로 붉어질 리는 없다.
저 안에 태풍 몇 개
저 안에 천둥 몇 개
저 안에 벼락 몇 개
　　　(중략)

장석주 시인의 〈대추 한 알〉을 발견했을 때는 지난 힘든 시간들을 버티고 살아온 스스로가 대견해서 한 번도 해보지 못했던 말을 토해냈다.

"고마워 ○○아! 미안해 ○○아!"

자신이 듣고 싶었던 말을 마음에 다가오는 색지에, 눈이 머무는 색의 펜으로 쓰라는 그 배려가 감사했다. 쓴 편지를 나눠 읽으며 명예퇴직을 앞둔 선생님께 안겨 그분의 등이 다 젖을 때까지 울었다. 그렇게 네 분의 선생님과 이야기를 나누며 안고 울었더니, 비로소 같은 이야기를 웃으면서 할 수 있었다.

통통 부은 눈으로 내게 편지를 쓸 때는 어찌나 정성스럽고 조심

스럽던지, 그 어떤 연애편지도 이렇게 써본 적이 없었던 것 같다. "사랑하는 OO이에게"로 시작하는 편지는 "예수님께서 널 대하듯 함부로 상처주지 않을게. 그분의 눈으로 널 더 존중하고 사랑할게."로 맺었다. 누군가와 불편한 관계가 되기 싫어서 먼저 해왔던 사과와 화해. 그러나 정작 스스로에게는 한 번도 시도해보지 않았던 나와의 화해. 그날 교사 공동체와 함께한 시간과 공간, 존재와의 만남 속에서 나 자신을 사랑하는 법을 배웠다. 그날 이후 퇴근 후 집으로 돌아가는 길은 "고생 많았어.", "고마워.", "괜찮아."로 나를 보듬는 시간이 되었다.

나만의 내면의 방

『죽음의 수용소에서』를 쓴 빅터 프랭클은 아우슈비츠에서 살아남은 유태인 정신과 의사이다. 그는 이 책에서 '가만히 지나온 내 삶을 돌아보면 모든 것이 외부의 자극과 내부의 반응 사이에서 결정되었음을 문득 깨닫는다. 그런데 자극과 반응 사이에는 내가 스스로 통제하지 못하는 무의식이 떡하니 자리를 차지하고 있었다는 것을 발견한다.'라고 말했다.

우리가 성장할지, 갈등에 머물지의 핵심은 반응에 달려있다. 어떤 자극이 내게 오든 나만의 반응을 선택할 자유가 있다. 자신에 대해 공감이 충분히 이루어져 반응을 선택하는 자유와 힘이 생겼을 때 교사는 자신을 힘들게 하는 그 대상을 직면할 수 있다. 그런 마음의 공간이 생겼을 때 '상대의 내면 추측하기' 단계로 넘어가는 것을 권한다.

사람의 마음은 환경과 상황이라는 거대한 물 위에 있는 배와 같다. 마음의 짐이 무거우면 심연으로 가라앉기도 한다. 그 무거운 짐이 놓인 공간을 하나씩 들여다보는 과정이 필요하다.

이 프로세스는 1단계 자극 들여다보기, 2단계 공간 들여다보기, 3단계 반응 들여다보기, 4단계 도전으로 구성되어 있다. 힘들게 했던 일을 표현하고, 공감하는 과정을 통해 상황을 객관적으로 볼 수 있는 마음의 공간을 만들고 나아가 도전할 수 있는 힘이 생긴다.

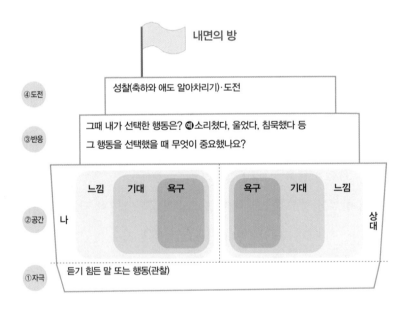

⊙ **시기**: 내면이 힘들 때

⊙ **소요 시간**: 60분

⊙ **준 비 물**: 내면의 방 활동지, 느낌·욕구카드

⊙ **진행 방법**

1단계(자극 들여다보기): 듣기 힘든 말 또는 행동

최근에 나를 자극했던 듣기 힘든 말이나 행동을 떠올린다. 그 일이 왜 떠오르는지 그 이유를 포함하여 그때의 상황을 사실 중심으로(관찰) 간단히 써본다.

> **예 교사**: 국어시간이다. ○○이 너 노래하지 마라. 지금 세 번째 경고다.
> **학생**: (교사를 똑바로 쳐다보면서) 아, 씨×, 왜 나만 갖고 그래요?

2단계(공간 들여다보기): 공감과 반영

□ 나의 내면 기록하기

① (느낌) 느낌·욕구카드를 참고하여 자극을 받았던 말이나 행동에 대한 자신의 느낌을 적는다.

② (기대) 내가 말하거나 행동했을 때 상대에게 기대한 반응(말, 행동)을 적는다.

③ (욕구) 충족되었던 욕구나 충족되지 못한 욕구를 적는다.

선생님	느낌 놀라다/화나다 당황하다 긴장되다/떨리다 슬프다/속상하다	기대 -국어시간이니 노래 멈추기 -수업에 참여하기	욕구 존중, 수용, 연결, 안전, 자기 보호

□ 나 공감하기

기록한 내용을 바탕으로 자신에게 반영한다.(나=너)

> **예) 관찰:** 수업 시간에 반 학생들이 다 보는 앞에서 ㅇㅇ이가 네게 '아, 씨×, 왜 나만 갖고 그래요?'라고 말하면서 너를 똑바로 쳐다볼 때
>
> **느낌:** 너는 놀라고 당황스럽고 긴장되었구나. 그리고 슬펐구나.
>
> **기대:** 왜냐하면 너는 너의 말을 통해 학생이 노래를 멈추고 수업에 참여하기를 기대했기 때문이야.
>
> **욕구:** 너는 교사로서 너의 말이 수용되고, 존중되기를 원했구나. 또 너는 그 학생과의 연결이 중요했구나. 그래서 혼내거나 꾸지람하는 대신 '하지 마.'라고 세 번이나 말한 거지?

라고 대화하듯 자신에게 말해준다.

□ 상대의 내면 추측하기

① (느낌) 느낌·욕구카드를 참고하여 당시 상대의 느낌을 추측해 적는다.

② (기대) 상대가 원래 기대했을 말이나 행동을 적는다.

③ (욕구) 상대의 충족되었던 욕구나 충족되지 못한 욕구를 적는다.

욕구	기대	느낌	학생
재미, 즐거움, 흥, 휴식,	–자신의 마음 알아주기 –노래 부르기/ 　수업 피하기	따분하다/귀찮다 짜증난다/화난다 힘들다/당황스럽다	

□ 상대 공감하기

기록한 내용을 바탕으로 상대의 마음을 추측하여 독백한다.

> **예 관찰:** 수업시간에 네가 노래를 부르는 것에 대해 선생님으로부터 "국어
> 시간이다. 노래 부르지 마라. 세 번째 경고다."라고 말하는 것을
> 들었을 때
>
> **느낌:** 너는 당황하고 화가 났어?
>
> **기대:** 왜냐하면 너는 선생님이 "지금 국어시간인데 노래를 부르네. 어
> 떤 이유가 있니?"라고 물어봐주길 원했어?
>
> **욕구:** 너는 선생님이 네가 노래 부르는 것에 대해 이해하고 공부가 얼마
> 나 힘든지 너의 마음을 알아주길 원했어?

□ 현재의 마음 알아차리기

자신과 학생의 마음을 공감하고 난 뒤 지금 마음이 어떤지 느낌
과 욕구 목록에서 찾아본다.

3단계(반응 들여다보기): 내가 선택한 행동

듣기 힘든 말을 듣거나 행동을 보았을 당시 자신이 했던 행동을
쓴다. 그리고 그 행동을 선택했을 때 무엇이 중요했는지 적는다.

> **예 내가 선택한 행동:** 침묵했다
>
> **그 행동을 선택했을 때 중요했던 욕구:** 안전, 문제를 일으킨 학생에 대한 존중

4단계(도전): 성찰과 도전

듣기 힘든 말이나 행동에 대해 1단계부터 3단계까지 기록하면서 자신의 내면을 들여다본 후 성찰(축하와 애도)과 도전하고 싶은 점을 적는다.

> **예 성찰:** 학생이 한 행동에 대해 침묵했던 나를 비난하는 마음으로 인해 힘들었는데, 그 안에 그 학생에 대한 존중이 담겨있었다는 것을 발견하여 스스로에게 연민이 생겼다.
>
> **도전:** 연민의 마음으로 그 학생에게 내일 만나면 "안녕"이라고 인사를 건네보겠다.

학생의 무례한 말이나 행동으로 자극을 받을 때, 교사는 학생과 힘겨루기 하는 상황에 놓일 때가 종종 있다. 그럴 때 이 프로세스로 친한 친구에게 털어놓듯 쓰다보면 아슬아슬한 긴장관계를 비껴갈 수 있는 마음의 공간이 생긴다. 그 마음의 공간에서 자신과 연민으로 만나고, 학교에서 내일 마주할 학생을 바라볼 힘을 얻게 될 것이다.

학급 지원 프로그램

왕따(집단따돌림)의 회복적 접근

최근 교육부에서 발표한 '2019 학교폭력실태조사 결과'에 따르면 집단따돌림, 사이버 괴롭힘 등 관계적 폭력이 증가함을 알 수 있다.

피해 유형별 비중

구분	2013년 1차	2014년 1차	2015년 1차	2016년 1차	2017년 1차	2018년 1차	2019년 1차	증감 (%p)
언어폭력	34.0	34.6	33.3	34.0	34.1	34.7	35.6	0.9
집단따돌림	16.6	17.0	17.3	16.6	16.6	17.2	23.2	6.0
사이버 괴롭힘	9.1	9.3	9.2	9.8	9.8	10.8	8.9	−1.9
스토킹	9.2	11.1	12.7	12.3	12.3	11.8	8.7	−3.1
신체폭행	11.7	11.5	11.9	11.7	11.7	10.0	8.6	−1.4
금품갈취	10.0	8.0	7.2	6.8	6.4	6.4	6.3	−0.1
강제심부름	6.1	4.7	4.2	4.3	4.0	3.9	4.9	1.0
성추행·성폭행	3.3	3.8	4.2	4.5	5.1	5.2	3.9	−1.3

2019 학교폭력실태조사 결과(교육부 발표, 2019.08.27.)

관계적 폭력은 신체적, 외현적 공격성과는 달리 관계를 손상시키는 행동 또는 관계 손상의 위협이 공격의 수단에 포함된다. 특히 예년에 비해 증가율이 가장 높은 집단따돌림은 집단에서 복수의 사람들이 한 명 또는 소수의 사람들을 대상으로 의도와 적극성을 가지고, 지속적이면서도 반복적으로 관계에서 소외시키거나 괴롭히는 현상으로 왕따, 뒷담화, 따돌림 등이 이에 속한다.

'초등학생의 따돌림 경험이 따돌림 동조에 미치는 영향'[14] 연구에 따르면 집단따돌림은 특정한 학생에게만 한정되어 일어나는 것이 아니고 누구나 가해자 또는 피해자가 될 수 있는 일상화된 폭력의 양상을 띠고 있다.[15] 한국폭력예방재단 조사에서도 학교폭력 목격은 전체 41.7%에 해당하며, 목격 후 44.5%가 아무에게도 알리지 않고 모른 척 하는 것으로 조사되었으며, 이유는 '같이 피해를 당할까 봐'가 30.6%로 가장 높게 나타났다.[16]

이와 같은 방관자들은 보복 등 자신이 또 다른 학교폭력 피해자가 될지 모른다는 두려움을 갖고 있다. 가해행동을 묵인해주는 집단 구성원의 존재 즉, 동조해주는 무리가 있으므로 가해자는 자신

14> 이현주, 권수정(2014), 초등학생의 따돌림 경험이 따돌림 동조에 미치는 영향, 한국콘텐츠학회.

15> 이혜영(1999), 학생의 집단따돌림 및 괴롭힘 현상에 대한 대책연구, 한국교육개발원.

16> 한국폭력예방재단(2011), 전국학교폭력실태조사보고서, 청소년폭력예방재단.

의 행동을 정당화하게 되는 것이다. 이러한 집단구조에서 집단 따돌림의 피해아동이 가해아동이 되고, 동조자 및 방관자 집단의 증가는 집단따돌림 현상을 확산하는 결과를 가져올 수밖에 없다.[17] 이러한 고리를 끊기 위해서 공동체 안에서의 노력이 필요하다. 관계회복을 돕는 회복적 질문을 통한 대화와 소통의 구조가 요구된다.

회복적 질문의 5가지 틀[18]

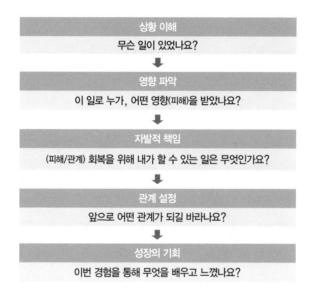

17> D. Olweus(1994), "Annotation: bullying at school based intervention program," Journal of Child Psychology and Psychiatry, Vol.35, pp.1171-1190.

18> 회복적 질문의 5가지 틀. 회복적 생활교육 리더 양성과정 교재. 전라남도교육청(KOPI 제공).

이 프로그램은 회복적 질문의 단계에 따라 학생들의 상상력을 자극하고 평화 감수성을 높일 수 있는 문학(그림책)과 영화를 연계하여 구성했다. 회복적 생활교육은 상황 이해, 영향 파악, 자발적 책임, 관계 설정, 성장의 기회 등 회복적 질문의 5가지 틀을 제안한다. 당사자가 사건으로 인한 영향을 파악하도록 돕고 피해 회복을 위한 자발적 책임의 역할을 질문한다. 그리고 앞으로 당사자가 관계 설정을 위해 노력할 것과 재발 방지에 대해 확인하면서 문제해결에 대해 당사자 스스로 주체가 되도록 돕는다. 그 질문을 통한 소통의 과정이 당사자에게는 배움과 도약의 기회가 되도록 하는 것이다.[19]

그림책으로 만나는 따돌림회복 수업

학급에서 아주 사소한 말다툼이나 서로의 오해에서 따돌림이나 집단 괴롭힘이 벌어지기도 한다. 또는 실체가 없는 '~했다더라'라는 말에서 시작되어 걷잡을 수 없이 커지기도 한다. 이 프로그램은 『너는 특별하단다』와 『감기 걸린 물고기』두 그림책을 이용한 따돌림 예방수업으로 구성하였다. 자신이 그런 상황에 처하였을 때 어떤 느낌이고 어떤 어려움이 있는지, 공동체에는 어떤

19> 정진. 「회복적 생활교육 학급운영 가이드북」 380~381쪽 인용

영향을 끼치는지를 프로그램을 통해 몸으로 체험하도록 한다.

- ⊙ **적용 시기:** 학기중
- ⊙ **소요 시간:** 3차시(120분)
- ⊙ **준 비 물:** 그림책『너는 특별하단다』[20]와『감기 걸린 물고기』[21], A4종이, 토킹피스, 센터피스, 스티커, 포스트잇, 줄(모둠별 6명이 들어가서 기차놀이 할 수 있는 길이), 원마커, 이미지 카드, 필기도구
- ⊙ **활동 구성**

단계		활동 안내	관련 도서
마음 열기		나도 나만 놀이	너는 특별하단다
주제 활동	①	잿빛 스티커 활동	너는 특별하단다
	②	역할놀이	감기 걸린 물고기
	③	자기책임 활동	
	④	이미지 카드 찾기	
닫는 활동	⑤	소감 나누기	

20▷ 맥스 루케이도 글. 세르지오 마르티네즈 그림(2002).『너는 특별하단다』, 고슴도치.

21▷ 박정섭 글 그림(2016).『감기 걸린 물고기』, 사계절.

마음 열기

• 나도 나만 – 그림판 놀이

> **초대하는 말**
>
> 지난 시간까지 『너는 특별하단다』를 읽었는데 그 중에 인상 깊은 장면으로 모둠별 '나도 나만 그림판 놀이'를 해 보겠습니다.

① 4명이 1모둠으로 앉아 A4종이 네 귀퉁이에 각자 자신의 이름을 쓴다. 색깔이 다른 펜을 고른다.

② 1명이 먼저 인상 깊은 장면을 말한다.

　📵 나는 물수제비를 못 뜬다고 잿빛 스티커를 붙인 것이 이상했어. 그럼 나는 스티커를 온몸에 다 붙이고도 모자랄 거야.

③ 듣고 있던 3명의 친구는 자신도 그렇게 생각할 경우 A4종이 자신의 이름에서 말한 친구의 이름으로 선을 그으며 '나도'라고 말한다.

④ '나도'라고 말한 친구가 없을 경우 말한 친구는 '나만'이라고 말한다. 돌아가며 ②번부터의 과정을 반복한다.

주제활동 ① 무슨 일이 있었나요?

• 잿빛 스티커 활동

초대하는 말

공동체에서 사실로 확인되지 않은 이야기로 인하여 서로를
의심하게 되고 또 관계가 갈라지기도 하지요. 몸으로 그 이야
기들의 영향에 대해 경험하는 활동을 해보겠습니다.

---

① 미리 교실 가장자리에 띄엄띄엄 원마커를 배치한다.

② 교실 중앙에 모두가 서클로 선다.

③ 음악이 나오면 모두가 자연스럽게 돌아다닌다. 진행자가 어
떤 조건을 말하면, 조건에 해당되지 않는 학생들은 서클 밖
으로 나가 스티커를 붙인 뒤 원마커로 가서 위에 선다. (잿빛
사람) 의도적으로 원마커 위에서 벗어나지 못하는 불편함을
준다.

④ 남은 학생들은 다시 음악을 들으며 돌아다니다 진행자가 말한 조건에 따라 ③의 과정을 반복한다.

> 예 조건
> • 옷에 검정색이 없는 사람은 잿빛 딱지를 붙이고 나가세요.
> • 얼굴에 점이 없는 사람은 잿빛 딱지를 붙이고 나가세요.
> • 머리카락에 끈이나 핀 등 장식이 있는 사람은 잿빛 딱지를 붙이고 나가세요.

• 같이 놀던 친구들이 벌칙에 걸려 나갈 때 어떤 기분이었나요?
  예 나도 걸릴까 봐 불안했어요. / 안 걸려서 기쁘고 신났어요.

• 같이 놀던 친구들이 벌칙에 걸리지 않았다고 서클 안에서 놀 때 어떤 기분이었나요?

⟪예⟫ 얼굴에 점이 있다고 나가라고 하니 억울하고 속상했어요.
　　나도 빨리 서클로 들어가서 친구들과 같이 게임하고 싶었어요.

주제활동 ② 이 일로 누가 어떤 피해(영향)를 받았나요?

• 감기 걸린 물고기 역할놀이

　- 1학기에 함께 읽었던 『감기 걸린 물고기』의 내용을 떠올려
　　봅시다.

　- 각 모둠별로 감기 걸린 물고기 역할놀이를 해보겠습니다.

① 한 모둠을 6명으로 나눈다.

② 모둠별로 1명씩 아귀, 빨간 물고기, 노란 물고기, 파란 물고
　기, 검정 물고기, 회색 물고기 역할을 맡는다.

③ 아귀를 제외한 색깔 물고기들은 줄을 잡고 기차놀이를 하며
　논다.

④ 아귀가 거짓 소문을 퍼뜨리고 각각 물고기들이 자신의 대사
　에 따라 색깔 물고기들을 차례로 줄밖으로 내쫓는다.(빨강, 노
　랑, 파랑 물고기 순서) 그리고 줄밖으로 나간 물고기들은 아귀에
　게 잡아먹혀 아귀의 영역 안에서 포로로 잡힌다.

⑤ 검정 물고기와 회색 물고기만 남았을 때 책에 있는 대사를
　하고 마친다.

- 아귀가 낸 소문에 대해 색깔 물고기들의 말(반응)은 무엇이었
나요? 그 말들(반응)을 듣고 빨간 물고기들은 어떤 마음이 들
었을까요?

  > 예 "아 그래서 얼굴이 빨갰구나! 나가!"라는 말을 듣고 빨간 물고기는 당
  > 황스럽고, 속상했을 것 같아요.
  > "우리한테 옮을지도 몰라. 같은 색끼리 뭉치자."란 말을 듣고 빨간 물고
  > 기는 억울하고, 슬펐을 것 같아요.

- 소문은 공동체에 어떤 영향을 미칠까요?

  > 예 서로를 믿지 못하게 해요.
  > 서로 미워하게 되고, 협동이 되지 않아요.

주제활동③ 회복을 위해 내가 할 수 있는 일은 무엇인가요?

- 피해를 당한 친구와 학급 공동체의 회복을 위해 내가 할 수
있는 일은 무엇인가요?

  > 예 소문을 들었어도 퍼뜨리지 않고, 사실 확인을 먼저 합니다.
  > 선생님께 먼저 알리고, 친구들에게 소문을 퍼뜨리지 않도록 조심하자
  > 고 말합니다.

  > TIP 미덕 카드와 연결 지어 구체적으로 표현하도록 하고, 약속지를 만들어 자신
  > 의 노력을 쓴 후 교실 뒤편에 게시하는 것도 좋다.

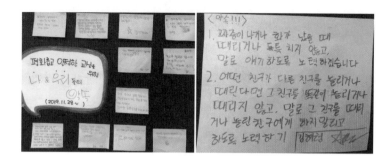

주제활동④ 앞으로 어떤 관계가 되길 바라나요?

• 이미지 카드 찾기

　- 우리 학급 공동체가 어떤 관계가 되면 좋겠는지 이미지 카드에서 찾아 서클로 나눠봅시다.

　예 (재료가 얹어진 비빔밥 이미지 카드를 보며) 저는 이 비빔밥처럼 우리 반 친구들이 각자 서로 다르지만 함께 배려하며 어울리면 좋겠습니다.

닫는 활동_ 이 활동을 통해 무엇을 배우고 느꼈나요?

• 소감 나누기

　- 활동을 통해 새롭게 깨닫게 된 점이나 배움으로 가져가고 싶은 점을 나누어볼까요?

　예 저는 제가 한 말이 누군가를 아프게 하고, 또 모두의 관계를 깰 수도 있다는 것을 알게 되었어요. 앞으로 친구들에게 다른 친구에 대해 말할 때 더 조심해야겠다고 생각했어요.

　이 활동을 통해 학생들은 학급에서 누군가 뒷담화나 따돌림 당할 때 자신이 선택한 행동이 공동체에 영향을 미친다는 것을 깊이 깨달았다. 더 나아가 뒷담화나 따돌림을 멈추려는 자신의 노력이 평화로운 교실을 만들고 결국 자신에게 실제적인 이익이 된다는 것을 알게 되었다고 했다. 이혜영(1999)에 따르면 집단따돌림 방어행동을 선택하는 학생의 행동에 대해 교사가 관찰하고 강력하게 지지할 때 방어행동 선택 빈도가 더 높아지고 따돌림이 감소된다고[22] 강조했다. 따라서 교사는 개인행동에 대한 지지와 아울러 학급전체에서 문제를 공유하고 영향에 대해 나누며 자기책임과 자발성을 불러일으키는 공동체적 접근 노력을 계속해가야 할 것이다.

영화로 만나는 따돌림회복 수업

이 프로그램은 따돌림 상황에서 피해자, 가해자, 방관자 측 입장이 되어 공감과 성찰이 일어나도록 구성하였다. 영화 보기 전 여우-닭-울타리 게임을 통해 학생들은 거절감에 대해 깊은 통찰을 하게 되었다. 주인공을 깊게 공감하는 활동을 하게 함으로써 자신이 받은 상처를 함께 위로받는 계기가 되도록 구성했다. 또한 가해자에게는 따돌림을 당해서 힘들어하는 주인공을 보고 자신이 한 행동을 되돌아볼 수 있게 하였다. 방관자적 입장을 취하는 학생들에게는 주인공을 돕는 주변인들의 행동과 말을 찾아 주인

22▷ 이혜영(1999), 학생의 집단따돌림 및 괴롭힘 현상에 대한 대책연구, 한국교육개발원,

공의 어려움을 외면하지 않는 참된 용기의 중요성을 깨닫고 실연해보도록 구성했다.

1. 영화 보기 전 활동

⊙ **적용 시기**: 학기중

⊙ **소요 시간**: 1차시(40분)

⊙ **준 비 물**: 토킹피스, 센터피스, 영화(원더), 영화(원더) 포스터, 활동지

⊙ **진행 방법**

마음 열기

• 여우와 닭과 울타리

① 여우와 닭 역할을 맡을 학생들을 1명씩 자원 받는다.

② 다른 학생들은 울타리가 되어 서로 손을 잡고 원으로 둘러선다. 대본을 보고 역할극을 한다.

③ 여우는 울타리 밖에, 닭은 울타리 안에서 게임을 시작한다.

④ 울타리는 여우가 닭을 잡지 못하도록 지킨다. 여우가 울타리 안으로 들어오지 못하도록 막거나, 닭이 밖으로 도망갈 때 울타리를 벌려 돕는다.

⑤ 여우가 닭을 잡으면 놀이를 마친다.

대본

어느 숲속에 배고픈 여우가 살고 있었어요. 여우는 배도 고프지만 너무 외로워서 마을로 내려가기로 했지요. 마을 입구에 다다를 때쯤 닭이 보였어요. 정말 반가운 마음에 여우는 닭을 불렀어요.

여우: 닭아! 닭아! 나랑 놀자.

닭: 싫어! 싫어! 이 날개도 없는 게! 저리 가!

여우: 흥! 치! 뿡!

바로 옆에 울타리가 보였어요.

여우: 울타리야! 울타리야! 나랑 놀자.

울타리: 싫어! 싫어! 이 친구도 없는 게! 저리 가!

여우: 흥! 치! 뿡! 너희들, 가만두지 않을 거야!

울타리, 닭: 흥! 덤벼보시지.

여는 질문

- 닭, 울타리를 맡았던 친구들은 여우가 왔을 때 마음이 어땠나요? 여우를 밀어낸 까닭은 무엇인가요?
- 여우를 맡은 친구는 닭과 울타리가 밀어낼 때 마음이 어땠나요? 여우로서 무엇이 가장 힘들었나요?
- 누군가를 밀어냈거나, 누군가로부터 거절당한 경험이 있나요?

주제 활동

• 영화 포스터 살피기

　- (영화 포스터를 보며) 무엇이 보이나요? 네 맞아요. 이 아이는 태어나면서부터 얼굴이 기형이어서 어려서부터 괴물이라는 놀림을 받았습니다. 그래서 헬멧 안으로 숨고 싶어 합니다.

주제 질문

• 여러분도 이 아이처럼 혹시 무엇인가 숨기고 싶은 것이 있나요? 여기 포스트잇에 각자 써볼까요?

2. 영화 본 후 활동

◉ **적용 시기:** 학기중

◉ **준　비　물:** 토킹피스, 센터피스, 느낌과 욕구 카드, 미덕 카드, 활동지

◉ **소요 시간:** 2차시(80분)

◉ **진행 방법**

주제활동 ① 무슨 일이 있었나요?

• 어기가 당한 괴롭힘 행동 써보기(모둠활동)

　- 방금 본 영화에서 어기가 당한 괴롭힘 행동들을 찾아 모둠별로 써봅시다.

-밥 같이 안 먹기	-선입견 갖기
-힐끔힐끔 쳐다보기	-같이 못 놀게 하기
-전염병 놀이	-따돌리기
-놀리기	-연필깎기 쓰레기통에 버리기
-무시하기	-사물함에 욕 써서 붙여놓기
-옆자리에 앉지 않기, 혹은 옆자리 피하기	-학급 단체사진에서 포토샵으로 어기 지우기

주제활동 2 이 일로 누가 어떤 피해(영향)를 받았나요?

• 어기의 관점에서 바라본 따돌림 영상보기(3개의 클립)

예 **클립1**: 급식실에서 어기가 앉아있던 식탁을 학생들이 피해가는 장면
   클립2: 어기가 사물함에 욕이 적힌 종이들이 붙여져 있는 것을 보는 장면
   클립3: 단체사진에서 포토샵으로 어기를 지우는 장면

• 어기의 심정 공감해주기(3인 1조 모둠활동)

 - 위에 쓴 괴롭힘 행동 중에 자신의 마음에 아프게 다가오는
   괴롭힘을 골라서 그때 어기의 마음을 관찰-느낌-욕구로
   공감하기 활동을 해봅시다.

  예 **관찰**: 어기야, 네 사물함에 욕이 적힌 종이들이 붙여져 있는 것을 보았
     을 때
   느낌: 너는 놀라고 슬펐니?
   욕구: 왜냐하면 너는 친구들이 너의 다름을 틀림으로 보지 않고, 너를
     존재로 존중해주길 원했기 때문이야?

주제활동 3 회복을 위해 내가 할 수 있는 일은 무엇인가요?

• 영화 속 따돌림 방어행동과 말 찾기(모둠활동)

- 어기가 따돌림 당할 때 친구들이 어기를 위해 용기 있는 말이나 행동을 한 장면을 찾아서 이야기해볼까요?(어기가 따돌림 당하는 상황에서 나는 어떤 인물처럼 행동하고 싶은가요?)

> 예 아무도 어기와 점심을 먹지 않을 때 서머가 찾아와 함께 점심을 먹는 모습이 용기 있어 보였다.
> 잭은 어기의 뒷담화를 한 자신의 잘못을 인정하고 어기에게 '미안해. 용서해 주길 바라. 다시 친구가 되어줘.'라고 용기있게 용서를 빌었다.

• 인물과 인터뷰하기(모둠활동)

- 모둠에서 그 인물과 인터뷰 할 질문을 만들어 인터뷰 해 볼까요?

> 예 **기자역할**: 아무도 어기 곁으로 가지 않을 때 혼자 어기에게 찾아가 함께 점심을 먹는 것을 보았는데, 그 일로 혹시 다른 친구들에게 따돌림 당할까 걱정되는 마음은 없었나요?
> **서머역할**: 약간 걱정되는 마음도 있었어요. 그런데 '친절을 선택하라'란 말이 떠올랐어요. 그 말이 옳다고 생각했기 때문에 주저하지 않고 행동할 수 있었어요.

• 나의 방어 행동 노력

- 어기처럼 누군가가 괴롭힘을 당할 때 나는 어떤 노력을 할 수 있나요?

> 예 저는 무엇이 옳은지 생각하고, 괴롭힘에 대해 잘못되었다고 말하려고 노력하겠습니다.
> 어기가 괴롭힘 당할 때 보고만 있었던 친구들처럼 저도 혹시 그러고 있지 않은지 살피겠습니다. 그리고 보고만 있는 다른 친구들을 설득해서 가해자가 되지 않도록 하겠습니다.

주제활동④ 앞으로 어떤 관계가 되길 바라나요?

- 미덕 선택하기
  - 우리 학급 공동체가 어떤 관계가 되면 좋겠는지 미덕 카드
    에서 찾아 서클로 나눠 봅시다.
    > **예** 저는 "소신과 용기"를 선택했습니다. 왜냐하면 괴롭히는 친구에게
    > "안 돼! 하지 마!"라고 말할 때 "소신과 용기"가 필요하기 때문입니다.
    > 저는 "화합"을 선택했습니다. 따돌림 당하는 사람 없이 우리 반이 평
    > 화롭게 함께 살아가기 위해 꼭 필요합니다.

닫는 활동_ 이 활동을 통해 무엇을 배우고 느꼈나요?

- 소감 나누기
  - 서클을 통해 새롭게 깨닫게 된 점이나 배움으로 가져가고
    싶은 점을 나누어 볼까요?

학생들은 여우-닭-울타리 게임을 통해 따돌림을 몸으로 체험
함으로서 그 영향을 알게 되었다. 영화를 본 후에는 따돌림을 당
하는 피해자의 입장을 공감하면서 울먹이는 학생들도 있었다. 영
화 속 주인공의 어려움에 마음 아파하면서 자신이 당한 괴로움을
털어놓기도 했다. 솔직히 말하는 친구들의 이야기를 들으면서 용
기 있게 다가가 미안하다고 사과하는 학생도 있었다. 학생들은 이
런 어려움을 당한 친구를 어떻게 도울 것인지 자기 책임을 구체화
하였다.

뒷담화서클

이 프로그램은 다음과 같이 구성되었다. 먼저 '나도 나만' 놀이를 통해 마음을 열고, 소감을 나눈다. 주제 활동은 3단계로 구성되었는데 첫 번째 활동은 3가지 질문으로 뒷담화와 뒷담화 경험에 대해 나눈다. 두 번째 활동은 4가지 뒷담화 유형별 상황극을 한다. 뒷담화를 한 사람-당한 사람-들은 사람-관찰자의 역할을 모둠 내에서 모두 경험하도록 하여 뒷담화의 영향과 피해를 몸으로 느끼도록 한다. 세 번째 활동으로 뒷담화에 대처하는 전략을 나눈후 전체 소감으로 마무리한다.

⊙ **적용 시기**: 학기중
⊙ **소요 시간**: 100분
⊙ **준 비 물**: 센터피스, 토킹피스, 역할놀이 학습지, 포스트잇, 2절 도화지
⊙ **활동 구성**

단계		활동 안내	서클의 구성
마음 열기		• 호흡명상 • 공동체 놀이: 나도 나만	전체서클
주제 활동	①	• 뒷담화 경험 나누기	전체서클
	②	• 역할별 뒷담화 상황극 하기	모둠서클
	③	• 뒷담화 탈출 전략 나누기	전체서클
닫는 활동	④	• 소감 나누기	전체서클

⊙ **진행 방법**

마음 열기

초대하는 말

잠시 침묵으로 초대합니다. 눈을 감고 발은 바닥에 뿌리를 내리듯 딛고 허리를 폅니다. 코를 통해 들어오는 들숨과 날숨에 집중하면서 천천히 호흡합니다. 천천히 호흡하면서 마음의 문으로 내 몸과 마음을 살펴봅니다. 천천히 들이마시고 천천히 내쉽니다. (차임벨) 눈을 뜹니다. (음악참고: 오연준의 "천사의 목소리" "바람의 빛깔")

공동체 놀이

• 나도 나만 – '나 혼자' 놀이

– 오늘은 친구들과 서로 자신의 경험을 이야기하는 몸 놀이를 해 볼 거예요. 주제는 "나는 학교에서 혼자 OO해본 적이 있다."입니다.

① 서클로 앉아 한 사람씩 돌아가면서 자신이 경험했던 일을 말하며 일어선다.

예 "나는 혼자 급식을 먹은 적이 있다."
"나는 혼자 체육을 못하고 구경만 한 적이 있다."

② 그런 경험이 있는 학생은 "나도! 나도!"를 연호하며 벌떡 일어서서 같은 경험을 한 친구들과 하이파이브 한다.

③ 자신만 경험한 경우 "나만"이라고 말하며, 두 손을 가슴에 대고 자리에 수줍게 앉는다.

④ 순서대로 돌아가며 활동을 반복한다.

※ 선생님이 먼저 재미있는 경험을 말하며 시작하면 더욱 좋다.

여는 질문

• 친구들이 "나도!"라고 외칠 때 기분은 어땠나요?

예 나랑 같은 마음이었다는 것이 반갑고, 위로받는 것 같았어요.

• 나만! 하고 앉았을 때 기분은 어땠어요?

예 약간 외로웠어요.

주제 활동 1

• 뒷담화 경험 나누기

– 이렇게 재미있는 놀이는 혼자서는 하기 어렵지요? 친구가 있어야 해요. 이 소중한 친구가 서로가 연결되기도 하지만, 오랫동안 말도 안 하고 또는 일생동안 오해를 갖고 미워하는 경우도 있어요. 그 이유 중의 하나인 뒷담화에 대해 질문으로 나눠보겠습니다.

【질문1】 여러분은 "뒷담화"라는 말을 들었을 때 어떤 단어가 떠오르는지 포스트잇에 쓰고 서클로 나눠볼까요?

예 헛소문, 정보, 솔깃함 등

【질문2】 다른 사람에게 뒷담화를 당했거나 당하는 것을 본 경험

이 있나요? 그때 어떤 느낌이 들었나요?

　예 속상하고 실망스러웠다. 왜냐하면 그 친구를 믿었기 때문이다.

【질문3】 누군가가 다른 친구 뒷담화를 내게 할 때 어려운 점, 힘

든 점은 무엇인가요?

　예 누구 편을 들어야 할지 당황스럽다.

　뒷담화 대상자에게 들킬까 봐 걱정된다.

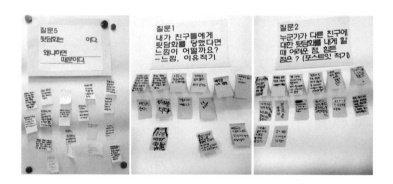

주제 활동 2

• 역할별 뒷담화 상황극 하기

　- 뒷담화 상황극을 해볼 거예요. 뒷담화를 한 사람, 당한 사
람, 듣는 사람, 관찰자 역할을 모두 경험해보고, 하나의 역
할이 끝나면 활동지에 유형과 영향을 적어보세요. 그리고
서클로 나누겠습니다.

　　TIP 모둠별(4인 1조)로 역할을 정하여 상황극을 하고, 유형과 영향을 적는다.
　　이때 영향은 상황극 당사자들로서 자신이 불편하거나 힘들거나 걱정되

는 것들을 적는다. 또한 관찰자는 상황극이 진행되는 동안 자신의 몸과 마음의 느낌을 살펴서 발표한다.

활동지 예시

뒷담화에는 몇 가지 유형이 있다고 합니다. 또한 영향도 있지요.
상황극을 한 뒤 유형과 영향을 써보세요.

예 • **유형:** 질투, 평가나 비난, 추측, 외모 비하, 존재 자체를 부정, 따돌림,
험담, 가족 욕하기, 거짓 퍼뜨리기 등

• **유형별 시나리오**

 길동이 이상하지 않니? 웃을 때 얼굴이 찌그러져, 그리고 다리도
이상해, 엉덩이도 수박만 해,

1. 유형: 외모 비하, 평가와 비난, 험담

2. 영향 (불편하거나 힘들거나 걱정되는 것)

• 말한 사람: 내 외모도 그렇게 평가될까 봐 걱정된다,

• 당한 사람: 수치스럽고, 계속 외모로 놀릴까 봐 걱정된다,

• 듣는 사람: 길동이가 들을까 봐 불안하고 이 친구가 나에 대해서
도 뒷담화 할까 봐 걱정된다,

• 관 찰 자: 얼굴이 이상하다고 말하는 것을 들을 때 불편하고,
나도 모르게 길동이 얼굴을 쳐다보게 되었어, 길동
이가 충격을 받을까 봐 걱정이 되었어,

길동이랑 길동이 엄마를 슈퍼에서 봤거든 똑닮았어.

눈은 단춧구멍 같고 얼굴은 시꺼멓고.

야! 어쩜 그렇게 닮았냐? 진짜 웃겨.

1. 유형: 가족 욕하기, 외모 비하, 평가와 비난, 험담

2. 영향 (불편하거나 힘들거나 걱정되는 것)

- 말한 사람: 길동이 엄마를 말하면서 혹시 이 이야기가 길동이

   엄마께 들어가면 어쩌지 하는 걱정이 순간 들었다.

- 당한 사람: 우리 엄마까지 평가하니 분노가 치밀어 오르고,

   슬프다.

- 듣는 사람: 길동이의 엄마까지 이야기가 나오니 누가 들어서

   같이 오해받을까 걱정되고 얼른 피하고 싶다.

- 관 찰 자: 길동이 부모님을 욕하니 실망스럽고, 같이 나쁜 짓을

   하고 있는 것처럼 불편하다.

 나는 우리 반에서 철수가 제일 잘난 척하는 것 같아. 질문할 때도

뭔가 뻐기고, 재수 없어!

1. 유형: 비난, 평가, 판단, 험담

2. 영향 (불편하거나 힘들거나 걱정되는 것)

- 말한 사람: 철수가 들을까 걱정되고, 듣는 사람이 동조를 안 할

   까 봐 불안하다.

- 당한 사람: 나를 오해하는 것 같아 서운하고 억울하다, 분노가 치민다,

- 듣는 사람: 나는 듣기만 했는데, 같이 뒷담화 한 것처럼 오해 받을까 봐 걱정된다,

- 관 찰 자: 뒷담화 한 친구가 편견을 가지고 있는 것 같아 불편하다,

 철수가 이번 영어듣기평가 100점이래, 혹시, 커닝한 것 아냐?

1. 유형: 거짓 퍼뜨리기

2. 영향 (불편하거나 힘들거나 걱정되는 것)

- 말한 사람: 그 소문을 낸 사람이 나라고 할까 봐 걱정된다,

- 당한 사람: 내 노력을 인정받지 못해 속상하다, 마치 사실인 것처럼 이야기하니 분노가 치민다,

- 듣는 사람: 철수가 들을까 봐 걱정된다, 나는 듣기만 했는데 오해받을까 걱정된다,

- 관 찰 자: '저렇게 소문이 만들어지는구나,' 하고 걱정된다,

- 용기있게 사과하기
  - 이 시간에 잠시 눈을 감고 내가 뒷담화로 피해를 준 사람이 있나 떠올려봅시다. 미안한 친구가 있다면 잠시 그 마음에 머물러봅니다. 혹은 그 친구가 이 자리에 있다면 일어나서 용기있게 사과해도 돼요. 그리고 오늘의 미안한 느낌에 머물지 말고 직접 행동으로 표현해보도록 해요.

주제 활동 3

- 뒷담화 탈출 전략 나누기
  - 이렇게 미안한 마음을 가지게 되는 뒷담화 자리에서 빠져나오는 나만의 좋은 방법, 뒷담화에 대처하는 나만의 전략이 있다면 무엇일까요? 포스트잇에 써보고 친구들과 이야기를 나누어봅시다.
    >예 '잠시만 화장실에 다녀올게.'라고 자리를 피한다.
    '난 좀 불편하고 걱정되는데.'라고 말한다.

닫는 질문

- 소감 나누기
  - 오늘 활동에서 가져가고 싶은 것은 무엇인가요?
    >예 저는 뒷담화에서 빠져 나오는 전략 중 '화장실 가기'로 그 자리를 피하는 것을 가져가고 싶습니다.

학생들은 자신들이 뒷담화를 할 때는 좋았지만 막상 당할 때는 속상하고 힘들었다는 피드백이 많았다. 다른 친구가 내 친구를 뒷담화 할 때는 어렵고 어떻게 해야 할지 당황스럽다는 표현도 있었다. 뒷담화 서클을 통하여 학생 자신의 언어생활을 되돌아 볼 수 있었다. '뒷담화는 박쥐다', '악마의 말이다' 등으로 자신과 친구들에게 좋지 않은 영향을 인식하는 정의를 내린 학생이 많은 것으로 보아 뒷담화의 부정적인 면을 충분히 인식한 것으로 보인다.

어떤 관계가 되길
바라나요?

교육적 접근의 물꼬를 튼 개정 학폭법

김 교사는 대한초등학교에서 학교폭력 업무를 맡고 있다. 그동안 논란이 되었던 절차 과정을 보완하여 2019년 8월, 학교폭력예방 및 대책에 관한 법(이하 학폭법)이 개정되었다는 소식을 듣자 한 학부모가 한 말이 떠올랐다. 지난 4월에 3학년 학생들 간의 작은 다툼이 학교폭력으로 신고되었고, 그 처리 과정에서 가해자로 지목된 학생의 학부모에게 항의 전화를 받았다.

"학교에서는 도대체 교육을 어떻게 하는 거예요? 싸웠으면 화해를 시키고 중재를 해야지요! 우리 아이가 잘못한 것은 인정해요. 그런데 저쪽 아이도 우리 아이를 때렸어요. 서로 만나서 사과할 기회도 주지 않고, 학교폭력대책자치위원회(이하 학폭위)로 가는 것은 불합리해요."

그 말을 듣고 김 교사는 가해 학생의 학부모에게 이렇게 설명할 수밖에 없었다.

"피해학생 부모님이 처음부터 어머니와의 만남이나 연락을 거절했습니다. 무조건 학폭위에서 관련 처벌이 이루어지기를 강력하게 원했습니다. 학교폭력예방 및 대책에 관한 법률 절차상 학교에서 대화의 자리를 마련하거나 중재하기 어렵습니다. 저도 안타깝습니다."

"아니, 무슨 법이 그래요?"

김 교사는 학교폭력 업무 담당교사로서 학폭법에 의해 사안을 처리할 때마다 아쉬움이 많았다. 학교폭력이 발생하여 매뉴얼에 따라 처리하다 보면, 즉각 학생들을 분리해야 했다. 그렇다 보니 서로에 대한 오해와 반목을 불러일으키고 도리어 더 관계가 악화되었다. 갈등 가운데 있는 학생들을 분리하여 안전하게 잘 지내도록 돕기 위한 조치가 오히려 반대의 결과를 가져온 것이다.

그런데 개정된 학폭법은 학생들의 갈등을 중재하여 관계회복을 도울 수 있는 교육적 접근의 여지를 주고 있다. 이 개정된 법률에서 달라진 점을 살펴보면 크게 4가지로 요약할 수 있다.

1. 학교폭력대책자치위원회를 교육지원청의 학교폭력대책 심의위원회로 이관함.(2020. 3. 1. 시행)

2. 조치에 불복할 경우 재심을 폐지하고 피해자와 가해자 모두 행정심판으로 가도록 일원화함.(2020. 3. 1. 시행)

3. 경미한 학교폭력 사안에 대해 학교장 자체해결 기준을 명시하였고(2019. 9. 1. 시행), 학교폭력대책심의위원회의 회부 여부는 학교폭력 전담기구에서 심의하도록 함.(2020. 3. 1. 시행)

4. 학교폭력자치(심의)위원회의 1~3호 조치 사항은 가해 학생이 필요조치를 이행했을 때 1회에 한해 생활기록부에 기록을 유보함.(2020. 3. 1. 시행)

개정된 학폭법은 관계회복을 위한 화해·조정을 돕는 단계가 새롭게 제시 되었다. 또한 학교장 자체 해결 기준 4가지를 모두 충족하고 관련학생과 학부모가 동의를 하면 학교장 자체해결을 할 수 있게 되었다. 이는 '엄격한 대응과 처벌 중심의 행정 패러다임'에서 '화해와 교우 관계회복 중심의 교육 패러다임'으로의 전환을 의미한다.

학교장 자체해결 적용 기준

1. 2주 이상의 신체적·정신적 치료를 요하는 진단서를 발급 받지 않은 경우

2. 재산상 피해가 없거나 즉각 복구된 경우

3. 학교폭력이 지속적이지 않은 경우

4. 학교폭력에 대한 신고, 진술, 자료제공 등에 대한 보복행위

　가 아닌 경우

위와 같이 개정된 학교폭력대책 및 예방에 관한 법에 따라 학교폭력 사안을 처리하고자 할때 다음과 같은 기대와 우려가 있다.

기대가 되는 점은 첫째, 학교에서는 학교폭력대책자치위원회 개최 관련 업무와 재심, 행정심판, 소송에 대한 업무부담이 경감된다는 점이다. 둘째, 학교장 자체해결 법제화로 학교폭력 사안에 대해 학교의 교육적 해결 권한을 부여하는 근거를 마련했다. 셋째, 가해학생에 대한 1-3호 조치의 생활기록부 기재 유보제를 도입하여 교육과 선도의 기회를 제공했다.

우려 되는 점은 첫째, 학교폭력대책자치위원회의 교육지원청 이관으로 오히려 사안조사와 조치이행에 따른 학교 및 담당교사의 업무가 증가할 수 있다는 것이다. 또한 교육지원청 업무가 과중되며, 심의위원회 운영을 위한 막대한 예산과 행정력, 소송 부담 등이 우려된다. 둘째, 학교자체 해결제가 법률로 규정되었지만, 학교장 재량권이 4가지 자체해결조건으로 제한되어 있기 때문에 학교의 교육적 기능회복이 얼마나 효과가 있을지 미지수이다. 셋째, 1-3호 조치의 생활기록부 기재 유보는 4-9호 조치를 면

하기 위한 당사자들 간의 분쟁소지를 남길 수 있다.

김 교사는 지금도 학부모에게 들었던 하소연을 잊을 수가 없다.
"제 자식이 잘못한 것은 인정합니다. 그렇지만 학교가 학생들을 서로 화해하도록 교육을 해야지요. 학교의 역할이 그런 것 아닌가요?"
김 교사는 머릿속이 생각으로 복잡해진다.
'서로 화해하고 피해를 회복하기 위해 어떻게 관계와 공동체를 세워야 하나…'

관계회복을 위한 갈등조정의 실제

개정된 법률을 적용하면 학교폭력 사안의 처리 과정 중에 피해자와 가해자 측 동의와 전담기구의 심의(회의)에 따라 관계회복을 위한 갈등조정을 시도할 수 있다. 그 과정 중에 학교에서 회복적 대화의 자리를 마련할 수 있으며 외부 전문가에 의한 관계개선 프로그램도 운영할 수 있다. 갈등조정 과정을 통해 관련학생들이 문제해결과정을 주도하는데 목적이 있고, 화해로 이어지지 못하더라도 갈등을 조정해 나가는 과정을 경험하는 그 자체가 중요하므로 본서에서는 '화해·조정' 대신 '갈등조정'이라는 용어를 사용하였다. 개정된 학교폭력 사안 처리과정은 다음과 같다.[23]

23▷ 2020. 3. 1. 교육부 발행 「학교폭력 사안처리 가이드 북」과 2020. 전라남도교육청 「학교폭력 사안처리 절차」 참조.

개정된 학교폭력 사안 처리 과정

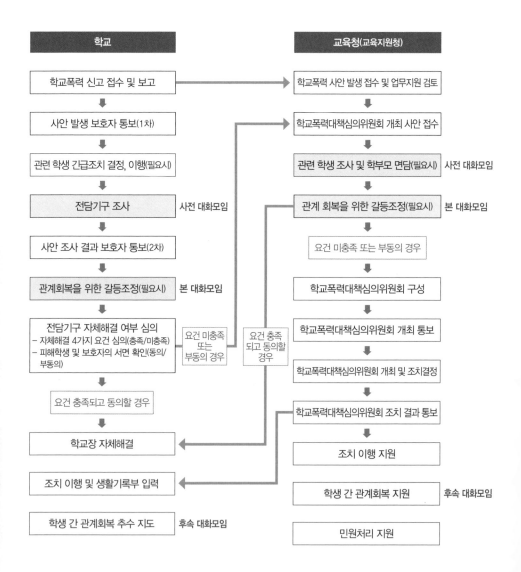

학교폭력 처리 과정을 살펴보면 갈등조정을 할 수 있는 시점이 전담기구에서 조사한 다음 단계에 있다. 따라서 전담기구의 결정이 있어야만 갈등조정을 할 수 있는 것처럼 해석할 수 있다. 그러나 개정된 매뉴얼에 따라 처리할 때 당사자가 갈등조정에 동의하면, 사건 접수단계에서부터 갈등조정을 하도록 권하고 있다. 당사자 간의 소통과 합의가 강조된 것이다.

개정된 매뉴얼을 살펴보면, 교육부에서는 학교장 자체해결의 조건이 충족되면 자체해결의 자율성을 보장하는 부분을 특별히 강조하고 있다. 각 시도교육청에서는 학교에서 학폭 사안을 교육지원청으로 넘기기보다 갈등을 조정하고 대화하는 것을 권장하고 있다.

조정자 역할과 갈등조정과정

김 교사는 학생들의 관계가 회복되기 위해 갈등조정을 할 수 있게 되어 다행이라는 생각이 들었다. 그러나 학생들에게 서로 화해하라고 해서 화해가 되는 것은 아니다. 실제로 갈등조정 상황에 놓이게 된다면 어떻게 갈등을 조정할지 고민이 되었다. 이를 위해 먼저 조정의 의미와 조정자의 역할에 대하여 살펴보았다.

조정이란, 당사자 간 협상에 어려움을 겪을 때 제삼자가 개입하여 당사자들의 문제해결을 돕는 일련의 과정을 의미한다. 즉, 조정은 당사자가 문제해결 과정을 주도하도록 돕는 것이다. 당사자들의 느낌과 욕구를 자유롭게 표현하도록 하며 승패가 아니라 서로 win-win하도록 돕는다. 조정은 관계의 파괴를 막고 새로운 관계를 설정하도록 돕는 것이다. 조정자는 갈등조정 과정에 대해 책임이 있으며 최선의 결과를 위해 조력하는 것이다.

법조계에서 자주 쓰는 '가장 나쁜 화해도 판결보다 낫다'라는 법률 격언이 있다. 이 말은 가해자에게 법적인 책임을 물어도 피해자의 상처는 치유되기 어렵기 때문에 화해의 중요성을 강조한 것이라 생각된다. 그러므로 관계의 회복을 돕고 갈등을 조정하는 조정자의 역할은 매우 중요하다. 조정자는 중립성을 지키고 자발적으로 당사자들이 참여하도록 돕는 역할을 한다. 진행되는 모든 과정들과 알게 된 사실에 대해 비밀을 유지해야 한다.

조정을 위한 대화모임의 모델은 한국평화교육훈련원의 회복적 대화모임, 좋은교사운동본부의 회복적 서클(RC), NVC(비폭력 대화)의 중재 모델 등이 있다. 이 장에서는 회복적 대화 모임 모델에 따라 진행과정을 살펴보았다.

갈등조정 과정은 다음과 같은 경우에 실행할 수 있다.

첫째, 학교장 자체해결이 가능한 4가지 기준을 모두 충족하고 당사자들이 갈등조정을 원하는 경우이다. 이때 당사자들이 자체해결 동의서를 작성할 경우 학교장 자체해결로 종결된다.

둘째, 학교폭력대책심의위원회가 열리는 중이라도 관계회복을 위해 당사자들이 원하는 경우이다. 이때 갈등조정은 학교폭력대책심의위원회에 강제적 효력을 미치지는 않으나 관계회복이라는 교육적 목적이 있음을 강조한다.

갈등조정과정 흐름도와 갈등조정 대화모임 진행 과정은 다음과 같다.

관계회복을 위한 갈등조정과정 흐름도[24]

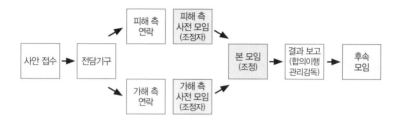

갈등조정과정은 갈등에 대한 서로의 입장 이해와 화해를 추구한다. 조정은, 화해를 지향하지만 그 결과는 상황에 따라 달라질 수 있다. 화해는 조정 과정에서 만들어질 수 있는 여러 가지 결과 중의 하나일 뿐이다. 따라서 갈등조정의 핵심은 서로 소통할 수 있도록 안전한 공간을 마련하며 얼굴을 마주하여 상대의 마음을 듣는데에 있다.

갈등조정과정은 사안이 접수되고 당사자 모두 갈등조정을 위한 대화모임에 참석을 합의하면 시작된다. 전담기구에서는 당사자에게 일정과 장소 등 대화모임에 대해 의논하고 갈등조정을 위한 대화모임을 진행한다. 먼저 가해자 측과 피해자 측 사전모임을

24》 전라남도교육청(2019). 회복적 생활교육 리더 양성과정 I, II. 한국평화훈련원제공.

통해 사안의 배경와 상황을 파악한 후 본 대화모임에 초대한다.
본 대화모임에서는 회복적 질문을 통해 본격적으로 쟁점을 조정
한다. 피해회복을 위한 약속과 합의사항이 정해지면 보고서를 작
성해서 결과를 보고한다. 후속 모임은 본 대화모임에서 약속한 합
의 사항이행과 영향 확인을 위해 1~2주 후 갖는다.

갈등조정과정이 원만하게 진행되도록 조정자는 당사자들이 대
화모임을 신뢰하고 참여하려는 의지가 지속되도록 돕는다. 본격
적으로 관계회복을 위한 갈등조정과정이 시작되면 세 단계의 대
화모임을 갖는다. 대화모임은 사전 대화모임과 본 대화모임, 후속
대화모임으로 진행된다.

갈등조정과정(대화모임 3단계)[25]

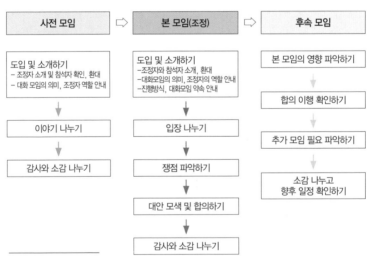

25▷ 전라남도교육청(2019). 회복적 생활교육 리더 양성과정Ⅰ,Ⅱ. 한국평화훈련원제공.

사전 대화모임은 소개하기, 이야기나누기, 감사와 소감나누기의 순서로 진행된다. 조정자는 당사자를 공감하고 당사자의 입장과 쟁점을 확인하기 위해 회복적 질문으로 대화한다.

본 대화모임은 본격적으로 조정이 이루어지는 단계이다. 조정자는 질문을 구성할 때 협력 진행자가 있다면 함께 구성한 질문으로 서로의 입장과 쟁점을 파악하고 대안을 모색하여 합의하도록 돕는다. 때로 합의가 이루어지지 않더라도 충분히 대화를 나눈 것에 의미를 두어 소통의 끈을 놓지 않도록 감사와 소감나누기를 반드시 나누는 것이 좋다.

후속 대화모임은 본 대화모임에서 합의된 내용에 대해 당사자들이 어떤 영향을 받고 있는지 파악하고 확인하며 추가 모임의 필요성을 나눈다. 또 대화모임을 통해 배운 점을 나누고 향후 일정을 확인한다.

갈등조정과정 사례

김 교사는 학교에서 발생한 사안처리 중에 당사자의 요청에 의해 갈등조정과정을 진행하게 되었다. 무엇보다 대화해보겠다는 두 당사자의 마음에 용기를 얻어 대화모임을 준비하고 갈등조정과정을 본격적으로 진행하였다.

1. 대화모임 준비 단계

대화모임의 필요성 및 상황을 확인하는 단계이다. 조정자는 제공된 정보를 바탕으로 대화모임에 참석할 대상자들을 확인하고, 갈등 당사자의 배경과 상황에 대해 파악한다.

학교폭력 전담기구에서 파악한 문제 상황

A학교의 유라는 3월 초에 한 친구에게 민서의 얼굴이 못생겼다는 이야기를 했다. 그 이야기를 들은 민서는 유라를 지속적으로 괴롭혔다. 3월 말, 쉬는 시간에 민서는 유라를 교실 앞으로 나오라고 해서 무릎을 꿇렸다. "내가 만만하게 보이냐?" 하면서 머리채를 잡고 흔들었다. 친구들도 옆에서 보면서 낄낄거리고 웃었다. 4월 초, 체육시간에 유라가 깜박하고 체육복을 안 가져 왔는데, 민서가 "너는 머리도 빼놓고 오지 그러냐?" 하면서 비웃었다. 급식시간에는 민서가 유라의 반찬을 집어던지면서 "너는 먹을 자격도 없어."라고 했다.

이러한 일이 지속적으로 일어나자 유라는 학교 가기를 거부하고 정신과 치료를 받기 시작했다. 유라의 부모는 화가 나서 학교에 찾아와 민서를 강제 전학시키라고 요구했다. 전담기구에서는 유라와 민서의 깊은 갈등의 원인을 찾고 서로의 진심을 듣는 대화모임이 필요하다고 판단하여 당사자들에게 참여 의사를 물었다. 관련 학생들과 학부모들은 처음에는 참석하지 않겠다고 했지만 시간이 지나면서 참석에 동의했다.

2. 사전 대화모임

갈등 당사자(가해자와 피해자)들을 따로 만나 입장과 상황을 들어보는 단계이다. 조정자는 경청과 공감의 태도를 지닌 상담자의 입장에서 당사자와 대화한다. 질문의 순서는 상황 이해, 그 일로 인한 피해와 영향 확인, 피해회복을 위한 자발적 책임과 재발방지 약속, 공동체에 요청할 도움, 본 대화모임 참석여부 확인이다.

조정자는 본 대화모임에서 진행자로서 역할을 하며 중립을 지키게 될 것임을 알린다. 이를 바탕으로 조정자는 당사자에게 필요한 것을 확인한다.

□ 사전 대화모임 진행 시 조정자의 점검 사항

√ 당사자들이 본 대화모임에 대해 충분히 이해하고 있는가?

√ 당사자는 본 대화모임을 통해 얻고 싶어 하는 것과 조건,
　기대하는 것 등은 무엇인가?

√ 당사자들이 본 대화모임에서 피하고 싶어 하는 것은 무엇인가?

√ 본 대화모임에 참석해야 하는 사람은 누구인가?

√ 몇 번의 본 대화모임이 필요한가?

√ 본 대화모임의 일정 및 장소를 정하였는가?

1) 도입 및 소개하기

❶ 조정자 소개 및 참석자 확인, 환대

조정자 안녕. 민서야! 만나서 반가워요. 대화모임을 함께할 ○○○
예요. 제가 '민서야' 라고 불러도 괜찮을까요? 이야기할 마
음의 준비가 되었나요? 저는 민서가 겪은 일에 대해 잘 들
어주고 싶어요.

❷ 대화모임의 의미, 조정자 역할 안내

조정자 이번 사전 대화모임은 양측의 당사자들을 따로 만나 각자
의 상황을 경청하고 갈등의 구조를 파악하는 모임입니다.
조정자는 이번 사전 대화모임을 이끌어가는 진행자로서
옳고 그름을 판단하지 않습니다. 전문적인 조언도 하지 않
으며, 편견 없이 임할 것입니다. 또한 당사자들이 각자의 답
을 찾도록 도와줄 것입니다. 오늘 대화모임이 끝나면 이후
이번 일과 관련된 학생들이 함께 모여 이야기를 나누는 본
대화모임이 있습니다.

2) 이야기 나누기

❶ 상황 이해, 공감

조정자 그 일로 지금 마음이 어떤가요?

민서　답답하고 화가 나요. 내가 때린 것은 잘못이지만 유라가 먼저 뒷담화 했거든요.

조정자　무슨 일이 있었는지 이야기해줄 수 있나요?

민서　3월초에 유라가 나보고 못생겼다고 뒷담화를 했어요. 나보고 못생겼다고 하니까 화가 나서 머리채를 잡아당겼어요. 급식시간에 반찬도 버렸어요.

조정자　무엇이 중요해서 그랬는지 말해줄 수 있나요?

민서　저는 초등학생 때부터 얼굴이 원숭이 같다고 놀림을 많이 당했어요. 그래서 누가 제 얼굴을 가지고 못생겼다거나 놀리는 말을 하면 화가 나서 폭발할 것 같아요.

조정자　아, 그렇군요! 초등학교 때부터 얼굴에 대해 놀림을 받은 경험이 있었군요. 속상하고 화도 많이 났을 것 같아요(충분한 공감이 필요하다).

❷ **피해 초점, 영향 파악**

조정자　민서가 무엇이 중요해서 그랬는지 충분히 이해갑니다. 이번 일로 누가 가장 힘들었을 것 같나요?

민서　유라와 유라 부모님이요. 유라는 맞았으니까 충격을 받았을 거고, 유라가 학교가기 싫다고 하니까 유라 부모님도 상처를 받았을 것 같아요.

조정자　그 일로 인해 지금 본인의 마음은 어떤가요?

민서　저도 답답하고 신경 쓰여요. 조금 미안한 마음도 있어요.

❸ 피해 회복, 자발적 책임에 대한 요청

조정자 방금 민서가 미안한 마음이 있다고 말하는 것을 들었어요.
상대 친구가 입은 피해가 회복되고 앞으로 평화로운 관계
가 되기 위해 본인이 무엇을 할 수 있나요?

민서 유라가 제 얼굴이 못생겼다고 한 말을 사과하면 저도 사과
할 수 있어요.

❹ 재발방지에 대한 약속, 공동체의 도움

조정자 앞으로 이런 일이 다시 일어나지 않으려면 어떻게 해야 될까
요? 선생님이나 부모님, 친구들이 어떻게 도와주면 좋을까요?

민서 유라도 제 뒷담화 하지 않고 저도 유라를 때리거나 괴롭히
지 않으면 될 것 같아요. 그리고 선생님이나 친구들이 제가
왜 그랬는지 제 마음을 이해해주면 좋겠어요.

조정자 본 대화모임에서 함께 이야기를 나눌 때 염려되거나 부탁
하고 싶은 것이 있나요?

민서 네. 유라 엄마가 전에 학교에 오셔서 화를 많이 내셨다고
들었어요. 좀 무서워요. 제가 왜 그랬는지 제 이야기를 먼저
잘 들어주시면 좋겠어요.

❺ 참여의사 확인과 본 대화모임 진행 안내

조정자 본 대화모임에 참여해서 오늘처럼 이야기를 할 수 있나요?

민서 네, 참석해서 이야기하고 싶어요.

조정자 본 대화모임에 초대해서 대화하고 싶은 사람이 더 있나요?

민서 수희와 혜진이가 같이 참석했으면 좋겠어요.

조정자 본 대화모임 진행과정에 대해 안내할게요. 초대한 사람들과 무슨 일이 있었는지, 그 일이 각자에게 어떤 영향이 미쳤는지, 회복을 위해 어떤 노력을 할 것인지 확인할 거예요. 저는 중립적인 조정자로서 서로의 진심이 잘 전달되도록 도울 것입니다.

3) 감사와 소감 나누기

조정자 이번 사전 대화모임에서 대화에 집중해 주어서 고마워요. 이번 모임에 대한 소감을 말해볼까요?

민서 선생님하고 이야기하니까 속이 뻥 뚫린 것 같아요. 그리고 유라에게 조금 미안해요.

조정자 저도 안심이 되네요. 본 대화모임 시간과 장소가 정해지면 알려줄게요. 그때 만나요.

□ 피해자 사전 대화모임 진행 방법

1) 도입 및 소개하기

❶ 조정자 소개 및 참석자 확인, 환대

조정자 안녕. 유라야! 힘들었을 것 같은데 이렇게 와주어서 고마워요. 대화모임을 함께 할 ○○○예요. 제가 '유라야' 라고 불러도 괜찮을까요? 이야기할 마음의 준비가 되었나요? 저는 이번 일로 유라의 힘든 점에 대해 잘 들어주고 싶어요.

❷ 대화모임의 의미, 조정자 역할 안내

조정자 이번 사전 대화모임은 양측의 당사자들을 따로 만나 각자
의 상황을 경청하고 갈등의 구조를 파악하는 모임입니다.
조정자는 이번 사전 대화모임을 이끌어가는 진행자로서
옳고 그름을 판단하지 않습니다. 전문적인 조언도 하지 않
으며, 편견 없이 임할 것입니다. 또한 당사자들이 각자의 답
을 찾도록 도와줄 것입니다. 오늘 이야기는 비밀로 지켜질
테니까 걱정하지 말고 힘든 점을 나누면 좋겠어요. 오늘 모
임이 끝난 이후에 이번 일과 관련된 학생들이 함께 모여 이
야기를 나누는 본 대화모임이 있습니다.

2) 이야기 나누기

❶ 상황 이해, 공감

조정자 그 일로 지금 몸과 마음이 어떤가요?

유라 슬프고 화도 나요. 억울하기도 해요. 자다가도 잠을 깨요.
학교도 다니기 싫어요.

조정자 속상하고 화가 나서 잠도 못 자고 학교도 오기 싫군요. 무
슨 일이 있었는지 이야기해줄 수 있나요?

유라 3월초에 제가 민서 얼굴이 못생겼다고 친구에게 말했는데
민서가 알게 되었어요. 그 뒤로 민서가 내 머리채도 잡고,

머리를 두고 왔냐면서 비웃었어요. 급식시간에는 밥도 먹지 못하게 반찬을 버렸어요.

❷ 피해 초점, 영향 파악

조정자 이번 일을 겪으면서 가장 힘든 점은 무엇인가요?

유라 민서가 나를 때리고 괴롭히는 거요. 민서가 그렇게 하니까 친구들도 다 나를 싫어하는 것 같아요. 내 편은 아무도 없어요.

조정자 많이 힘들고 외로웠겠어요. 이번 일로 인해서 민서가 무엇을 알아주기 원하나요?

유라 내가 민서 얼굴이 못생겼다고 한 것은 미안해요. 그렇지만 민서도 나를 너무 괴롭혔어요. 힘들어서 죽고 싶어요. 내가 얼마나 힘든지 민서가 알았으면 좋겠어요.

조정자 죽고 싶을 만큼 힘들었군요. 그 마음을 민서가 알아주길 원한다는 거지요? 한편으로는 민서에게 미안하군요.

❸ 피해회복, 자발적 책임에 대한 요청

조정자 그런 피해를 회복하기 위해서 어떻게 해결되기를 원하나요?

유라 민서가 사과하고 나를 다시는 괴롭히지 않았으면 좋겠어요. 그리고 저도 제가 잘못한 일에 대해서는 사과하고 싶어요. 근데 옆에서 같이 웃으며 보고만 있던 친구들에게도 좀 서운해요.

조정자 그 친구들에게 부탁하고 싶은 말이 있나요?

유라 제가 괴롭힘 당할 때 웃고만 있었던 것에 대해 제게 사과하면 좋겠어요. 제가 얼마나 힘든지 알아주면 좋겠어요.

❹ 재발방지에 대한 약속, 공동체의 도움

조정자 앞으로 이런 일이 다시 일어나지 않으려면 무엇이 필요하다고 생각하나요?

유라 교실에서 누군가 괴롭힘 당하고 있을 때에는 서로 도와주면 좋겠어요. 그리고 제가 잘못한 것에 대해서 직접 와서 이야기해줬다면 저도 사과했을 거예요. 담임선생님도 그애들이 저를 괴롭히지 않도록 잘 살펴주시면 좋겠어요.

조정자 본 대화모임에서 상대 친구와 함께 이야기를 나눌 때 염려되거나 부탁하고 싶은 것이 있나요?

유라 저는 아직도 민서 얼굴을 보는 게 조금 무서워요. 앉을 때 민서랑 마주보지 않게 해주세요.

❺ 참여의사 확인과 본 대화모임 진행 안내

조정자 본 대화모임에 참여해서 오늘처럼 이야기를 할 수 있나요?

유라 네, 참석해서 이야기하고 싶어요.

조정자 이 일로 인하여 초대해서 대화를 나눌 필요가 있는 사람은 누구인가요?

유라 담임선생님이 오시면 좋겠어요.

조정자 본 대화모임 진행과정에 대해 안내할게요. 초대한 사람들과 무슨 일이 있었는지, 그 일이 각자에게 어떤 영향이 미쳤는지, 회복을 위해 어떤 노력을 할 것인지 확인할 거예요. 저는 중립적인 조정자로서 서로의 진심이 잘 전달되도록 도울 것입니다.

3) 감사와 소감 나누기

조정자 이번 사전 대화모임에서 대화에 집중해주어서 고마워요. 이번 모임에 대한 소감을 말해볼까요?

유라 선생님하고 이야기하니까 조금 기분이 나아졌어요.

조정자 저도 안심이 되네요. 본 모임 시간과 장소가 정해지면 알려줄게요. 그때 만나요.

3. 본 대화모임(조정 과정)

본 대화모임에서 갈등 당사자들은 얼굴을 마주하고 이야기를 나누게 된다. 대화를 하면서 서로 피해와 영향, 진심으로 바라는 것을 알게 된다. 조정자는 진심어린 마음이 전달되는 존중의 분위기를 조성하고 진행 과정을 신뢰하며 집중하도록 도와야 한다. 본 대화모임의 진행 과정 속에서 분노, 비난이 표출되면서 당사자들이 혼란스러워할 수도 있다. 하지만 갈등의 의미가 분명하게 드러나며 서로 이해하게 된다. 상대방의 입장과 마음이 얼마나 힘든지 직면하여 자발적 책임을 지며 앞으로 어떤 관계가 되기를 원하는지 미래를 향해 나아가게 된다.

본 대화모임에서는 빨리 해결하려는 마음을 내려놓고 진행의 구조와 단계를 충실히 지키며 흐름에 집중한다. 많은 시간이 소요될 수 있으므로 충분한 시간을 확보하며 식사 시간 직전은 피한다.

본 대화모임은 사전 대화모임을 통해 참석하겠다고 동의를 한 사람들의 대화모임이다. 원활한 본 대화모임 준비를 위해 조정자는 사전대화모임에서 드러난 갈등을 분석하고 드러난 입장과 쟁점을 바탕으로 질문지를 구성한다. 본 대화모임에 필요한 것들을 체크리스트로 준비한다.

□ 본 대화모임 사전 준비

1) 갈등 분석

갈등 분석은 다양한 관점으로 갈등을 이해하는 도구적 방법으로써 관련된 쟁점들과 문제들을 구체적으로 파악하는 것을 도와준다. 김 교사는 갈등조정을 위한 다양한 행동전략을 수립하기 위해 갈등분석 방법을 살펴보았다.

갈등 쟁점을 분석하는 방법에는 양파분석기법[26], ABC분석기법 등이 활용된다. 이 가운데 양파분석기법과 통합적갈등분석기법을 설명하고자 한다.

26> 양파분석 도해는 전라남도교육청 '회복적생활교육 리더양성 과정 워크북' (한국평화교육훈련원 제공) 참고.

(1) 쟁점 파악을 위한 양파분석

양파분석기법은 갈등분석기법 중의 하나로 갈등상황에서 당사자들이 겉으로 주장하는 것과 속으로 원하는 것을 파악할 때 활용된다. 입장, 실익, 욕구로 구분하여 양파를 벗기듯이 갈등을 분석한다.

입장은 밖으로 드러난 주장과 목표를 말한다. 실익은 입장을 내세우면서 실제로 얻는 것이다. 특정 상황에서 진짜 원하는 것으로 물질적, 구체적, 외재적이며 분할하거나 타협이 가능하다. 욕구는 인간의 보편적 요구로서 당사자의 실존을 위해 가장 중요하다. 심리적이고 내재적이며 분할이 안 되고 타협도 불가능하다.

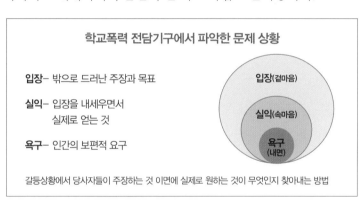

(2) 쟁점 파악을 위한 통합적갈등분석

쟁점 파악을 위한 통합적갈등분석기법은 광주·전남 회복적 생활교육 연구회가 개발한 모델이다. 이 분석 기법은 해부적 개념이 아니라 통합적, 객관적 이해를 돕는 과정이다. 정보를 모으고 변화의 가능성을 분석해내는 과정을 뜻한다. 즉 당사자들의 말이나 행동을 관찰하고, 주장을 들은 뒤 그 입장을 이해한다. 문제해결의 전 단계이지만 문제해결적 기능을 수행하기도 한다. 이때 조정자에게 필요한 것은 당사자를 객관적으로 대할 수 있는 자료이다. 그래서 통합적갈등분석이 중요하다.

관찰과 느낌에서는 사전 대화모임에서 드러난 당사자의 행동이나 말을 평가나 판단이 아닌 사실만을 기록한다. 무슨 일이 있었고 무슨 행동을 했는지 어떤 말이나 욕설, 거친 말을 했는지 기록하고 그 상황에서 당사자는 어떤 기분이었는지 느낌을 적는다.

입장은 당사자의 주장이다. 당사자는 주로 "나는 ~를 원한다" "입장을 바꿔서 생각해보세요. 그러니까 나는 ~를 바란다니까요".라고 말한다. 겉으로 드러난 주장과 목표이다.

실익은 진정으로 원하는 것으로 관심사와 목표, 이익 등 당사자가 갖게 되기를 바라는 것이다. '실은요, 병원비뿐만 아니라 교통비도 들었어요.' 등 처음에 말하지 못했던 속마음을 뜻하며, 실질적으로 얻고 싶은 것이다.

욕구는 당사자가 사는 이유이다. "솔직히 부모로서 아이의 자존심을 걸고 그것은 양보 못해요."라고 말한다. 타협이 어렵다. 존중, 인정, 안전 등 내재적 욕구를 말한다. 욕구는 실존을 위해 반드시 필요한 것이다. 당사자가 '부모로서 아이의 자존심을 걸고 양보 못해요'라고 말한 것은 존중, 안전 등의 욕구가 중요하기 때문이다. 욕구는 타협의 대상이 아니다.

쟁점 파악은 관찰과 느낌에서 드러난 당사자의 정서와 양파분

쟁점 파악을 위한 통합적갈등분석

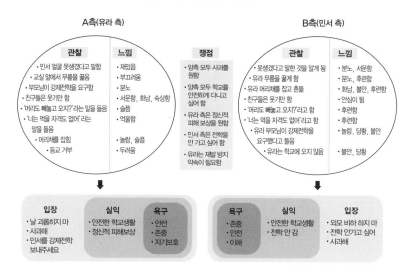

A측(유라 측)

관찰
- 민서 얼굴 못생겼다고 말함
- 교실 앞에서 무릎을 꿇음
- 부모님이 강제전학을 요구함
- 친구들은 웃기만 함
- '머리도 빼놓고 오자?'라는 말을 들음
- '너는 먹을 자격도 없어'라는 말을 들음
- 머리채를 잡힘
- 등교 거부

느낌
- 재밌음
- 부끄러움
- 분노
- 서운함, 화남, 속상함
- 슬픔
- 억울함
- 놀람, 슬픔
- 두려움

쟁점
- 양측 모두 사과를 원함
- 양측 모두 학교를 안전하게 다니고 싶어 함
- 유라 측은 정신적 피해보상을 원함
- 민서 측은 전학을 안 가고 싶어 함
- 유라는 재발 방지 약속이 필요함

B측(민서 측)

관찰
- 못생겼다고 말한 것을 알게 됨
- 유라 무릎을 꿇게 함
- 유라 머리채를 잡고 흔듦
- 친구들은 웃기만 함
- '머리도 빼놓고 오자?'라고 함
- '너는 먹을 자격도 없어'라고 함
- 유라 부모님이 강제전학을 요구했다고 들음
- 유라는 학교에 오지 않음

느낌
- 분노, 서운함
- 분노, 후련함
- 화남, 불안, 후련함
- 안심이 됨
- 후련함
- 후련함
- 놀람, 당황, 불안
- 불안, 당황

A측
입장
- 날 괴롭히지 마
- 사과해
- 민서를 강제전학 보내주세요

실익
- 안전한 학교생활
- 정신적 피해보상

욕구
- 안전
- 존중
- 자기보호

B측
욕구
- 존중
- 안전
- 이해

실익
- 안전한 학교생활
- 전학 안 감

입장
- 외모 비하 하지 마
- 전학 안가고 싶어
- 사과해

본 모임 준비 체크리스트

○ 본모임 일시: 20 년 월 일 / 장소:

준비 사항	구비	미흡	조치 사항
1. 사건의 내용과 당사자의 특성을 파악하였는가?	√		• 사전 모임 보고서 참조
2. 주 조정자의 역할은 누가 할 것인가?	√		• 주조정자: △△△ • 협력조정자: ○○○
3. 당사자들에게 확인 연락은 누가 할 것인가?	√		• 협력조정자가 완료
4. 조정자와 협력 조정자 간의 역할 분담이 이루어졌는가?	√		• 주조정자: 진행 등 • 협력조정자: 기록, 피해자 보호
5. 쟁점이 명료하게 파악되었는가?	√		
6. 단계별 질문 구성은 적절한가?	√		
7. 예상되는 대화모임의 어려움은 무엇인가?	√		• 쟁점 대립 • 학부모 간 감정 과열 • 학교 불신 등
8. 가해자와 피해자가 마주 보지 않도록 편안하게 좌석을 배열했는가?	√		
9. 개별 접촉을 위한 분리된 공간, 음료, 화장실 등은 확보되었는가?	√		• 모임 공간 양 옆에 분리 공간 마련
10. 개별모임과 쉬는 시간은 언제 필요한가?	√		• 40분마다 협력조정자가 신호 보내기
11. 대화모임 시간과 횟수를 예상할 수 있는가	√		
12. 필요한 양식이나 장비는 모두 준비하였는가?	√		
13. 대화모임이 아닌 다른 문제해결 방법은 무엇이 있는가?	√		
14. 합의가 이루어질 경우 미래의 조정자 역할은 무엇인가?	√		• 사후모임 진행(약속이행확인 등)
15. 합의서, 기본규칙 등 대화모임 관련 문서가 준비되어 있는가?	√		

석으로 드러난 당사자의 입장과 실익, 욕구를 바탕으로 한다. 두 당사자가 공통으로 바라는 것과 공통사항이 아닌 쟁점을 구분하여 통합적으로 한눈에 볼 수 있도록 정리한다.

2) 본 대화모임 준비 체크리스트

□ 본 대화모임의 단계

본 대화모임의 단계는 입장 나누기, 쟁점 파악하기, 대안모색 및 합의하기, 감사와 소감 나누기의 순서로 진행된다.

입장 나누기 단계에서는 먼저 피해자, 가해자 순서로 당사자의 입장과 감정을 나눈다. 이때 조정자는 회복적 질문, 경청, 바꾸어 말하기, 나 전달법, 비폭력대화 등 의사소통 기술을 사용하여 대화를 진행한다.

쟁점 파악하기 단계에서는 당사자들의 이야기 속에서 핵심 쟁점을 파악하여 공동의 관심사와 두려움을 찾아 정리한다. 사과-재발방지-관계설명-피해변상 등 주요 쟁점에 따라 당사자들의 공동의 이해와 관점의 차이가 드러나도록 한다.

대안모색 및 합의 단계에서는 정리된 쟁점에 기초하여 당사자들이 합의하도록 돕는다. 이때 합의 내용이 현실 가능한지, 구체적인지, 형평성이 고려되었는지 등을 살펴보도록 안내한다. 합의 사항은 당사자가 서명한 뒤 복사본을 하나씩 갖는다.

감사와 소감 나누기 단계에서는 대화모임의 영향과 의미에 대해 나누고, 합의된 사항에 대해 각자 노력할 점을 약속한 뒤 마무리한다. 이때 후속 대화모임 일정도 확인하도록 한다.

□ 본 대화모임 진행 방법

---

1) 도입 및 소개하기

❶ 조정자 소개 및 참석자 확인, 환대

조정자 지난 사전 대화모임에서 이야기를 각자 나누었지만 다시
만나 대화를 나누게 되어 반가워요. 오늘 이렇게 함께 이야
기를 나누는 것이 부담스러울 수 있지만 오늘 대화를 통해
서로 갈등이 잘 전환되어 평화로운 관계가 되기를 기대해
볼게요.

저는 이번 사안에 대한 조정을 진행할 ○○학교 ○○○이고,
이분은 저를 도와줄 협력 조정자입니다. 이 학생은 유라이
고, 저 학생은 민서입니다. 오늘 대화모임에 같이 참석하여
이야기를 나누어 주실 분은 담임선생님과 같은 반 친구인
수희, 혜진입니다.

❷ 본 대화모임의 의미, 조정자 역할, 진행방식, 기본규칙 설명

조정자 오늘 대화의 시간은 둘 사이에 힘들었던 일을 함께 나누는
기회의 시간입니다. 저희 진행자들의 역할은 문제를 해결
해주는 것이 아니라 중립을 유지하며 서로의 말이 잘 연결
되게 하여 참여자 스스로 문제를 해결할 수 있도록 지원하

는 역할입니다. 오늘 유라와 민서에게 일어난 일에 대해 이야기하고자 모였는데, 이 자리는 누가 어떤 잘못을 했는지 가려서 처벌하려는 것이 아닙니다.

이 일이 왜 일어났고, 이 일로 인하여 누가 어떤 영향을 받았는지 이야기합니다. 그리고 어떻게 책임지고 어떻게 회복할 것인지를 이야기 하려고 합니다. 이 대화모임에서는 진솔하게 서로의 이야기를 듣고 말합니다. 이 일로 인해 발생한 피해를 바로잡고 모두에게 안전하고 평화로운 공동체를 만들어나가기 위한 자리라는 것을 이해해주었으면 합니다. 참석하신 모든 분들, 오늘 기꺼이 시간을 내주셔서 고맙습니다.

조정자 오늘 대화를 잘 나누기 위해서는 다음과 같은 몇 가지 규칙을 잘 지켰으면 좋겠습니다.

첫째, 다른 사람이 이야기할 경우, 끼어들거나 방해하지 말고 선생님이 발언권을 줄 때까지 기다렸다가 이야기해 주세요.

둘째, 대화 중에 서로 욕설이나 소리를 높이지 말고 친구의 이야기를 존중해주고, 선생님의 지시나 안내에 따라 주기 바랍니다.

셋째, 혹시 대화 중에 기분이 나쁘더라도 마음대로 자리를 떠나지 않도록 하고, 필요한 경우 선생님에게 요청해 주세요.

넷째, 이 자리는 진솔하게 자신의 이야기를 나누는 자리입니다.

여기서 말하고 들은 내용은 반드시 비밀을 지켜주고 친구들에게 함부로 이야기 하지 않기를 바랍니다.

조정자 모두 동의하시나요?

참석자 (모두) 네. 동의합니다.

2) 입장 나누기

❶ 피해자 상황 이해

조정자 유라부터 이야기를 들어볼게요. 유라가 민서로 인해 어려움과 불편함을 겪어왔다고 했는데, 무슨 일이 있었는지 자신의 입장에서 그때 상황을 이야기해볼까요?

조정자 무슨 일이 있었나요?

유라 3월초에 제가 민서 얼굴이 못생겼다고 한 친구에게 말했는데 그 이야기를 들은 민서가 저를 괴롭히기 시작했어요. 저를 무릎 꿇리고 친구들 앞에서 머리채를 잡았어요. 그 뒤로 급식시간에는 밥도 먹지 못하게 반찬을 버렸어요.

조정자 그 일로 인해 지금 몸과 마음의 느낌은 어떤가요?

유라 슬프고 화도 나요. 무서웠어요. 자다가도 잠을 깨고 학교도 다니기 싫고 죽고 싶어요.

조정자 그때 유라는 무엇이 중요했나요?

유라 저는 안전하고 싶었어요. 민서가 내 머리채를 잡고 비웃으며 밥도 먹지 못하게 할 때 내가 정말 계속 이렇게 살아야 하나? 하는 생각이 들었고 이 세상에 살아서는 안 되는 사람처럼 느껴졌어요.

조정자 민서가 왜 그렇게 했다고 생각하나요?

유라 지난 3월에 수희에게 민서 얼굴이 못생겼다는 말을 했는데, 그 말을 수희가 민서에게 말했나 봐요. 그 뒤로 화가 나서 나에게 복수한 것 같아요.

조정자 그 일에 대해 부모님과 친구들이 알고 난 뒤 어떻게 생각하고 반응은 어떠한가요?

유라 부모님은 화를 내시면서 학폭위를 열어서 민서를 전학시키겠다고 했어요. 친구들은 민서가 화를 내면 무서우니까 모른 척해요. 저는 친구가 별로 없어요.

❷ 피해자의 피해 초점, 영향 파악

조정자 그 일로 가장 힘든 점은 무엇인가요?

유라 잠을 자다가도 깨고 학교 다니는 것이 너무 힘들어요. 급식시간에 함께 밥 먹을 친구가 없어요. 불안해서 정신과 병원에도 다녔어요. 차라리 죽고 싶어요.

조정자 그 일로 인한 피해를 회복하기 위해 유라는 무엇이 이루어지기를 원하나요?

유라 민서가 내가 얼마나 힘든지 알았으면 좋겠고 진정한 사과를 했으면 좋겠어요. 그리고 민서가 다시는 나를 괴롭히지 않아서 친구들과 재미있게 학교에 다니고 싶어요.

조정자 그 일로 인해 선생님, 친구, 부모님께 부탁하고 싶은 것은 무엇인가요?

유라 선생님이 민서가 다시는 괴롭히지 않도록 잘 지켜보셨으면 좋겠고, 우리 반 친구들은 민서가 나를 괴롭힐 때 민서에게 하지 말라고 말해줬으면 좋겠어요. 부모님께는 미안해요.

조정자 솔직하게 자신의 이야기를 해주어서 고맙습니다. 또 다른 상황은 없나요?

유라 (말하지 못하고 고개를 숙인다.)

이때 조정자는 사전 모임에서 피해 학생으로부터 들어서 알게 된 이야기를 요약하여 들려주고 내용이 맞는지 피해 학생에게 물어서 확인한다.)

❸ 가해자 상황이해

조정자 지금 유라 이야기를 들어봤는데, 민서 입장에서도 역시 상황을 들어볼게요. 민서도 당시에 어떤 일이 있었는지 자신의 입장에서 이야기해볼까요? 무슨 일이 있었나요?

민서 유라가 수희에게 내 얼굴이 못생겼다고 뒷담화 해서 화가 났어요. 그래서 유라를 무릎꿇리고 머리채를 잡았어요. 그리고 급식 반찬도 버렸어요.

조정자 그 일로 인해 지금 몸과 마음의 느낌은 어떤가요?

민서 답답하고 억울해요. 내가 때린 것은 잘못이지만 유라가 먼저 뒷담화 했거든요. 시작은 유라가 먼저 했는데 유라 엄마가 나를 강제 전학가라고 하는 것은 억울해요.

조정자 그때 민서는 무엇이 중요했나요?

민서 내 얼굴에 대해서 뒷담화 하지 않는 거요. 그냥 이렇게 생긴 얼굴을 어떻게 하라고 못생겼다고 하는 것인지 화가 났어요. 저는 초등학교 때부터 얼굴 때문에 원숭이라고 놀림을 받았거든요. 저는 누가 내 얼굴 갖고 뭐라고 하면 화가 폭발해요.

❹ 피해자 피해 초점, 영향 파악

조정자 그 일로 유라가 무엇을 가장 힘들어한다고 들었나요?

민서 잠을 자다가도 깨고 학교 다니기 싫대요. 급식시간에 밥 먹을 친구가 없어서 죽고 싶대요. 병원에도 다닌다고 했어요.

조정자 유라의 힘든 점을 들으니 지금 어떤 마음이 드나요?

민서 유라가 그렇게까지 힘든 줄은 몰랐어요. 미안한 마음이 들어요.

❺ 기타 참석자들의 입장 듣기

조정자 담임선생님께서는 어떻게 알게 되셨나요?

담임 유라 어머니의 방문을 통해 알게 되었습니다.

조정자 그 일로 지금 어떤 상황이고 어떤 영향을 받고 있나요?

담임 유라 어머님이 학폭위를 열어서 민서를 강제 전학을 시켜

달라고 말씀하셔서 학폭위에서 사안 조사를 하고 있어요. 유라가 저렇게 학교에 오고 싶지 않을 만큼 힘들었는데 모르고 있었다는 것이 너무 속상하고 안타까워요. 너무 놀라서 다른 일을 할 수 없을 만큼 힘듭니다.

조정자 선생님께 중요한 것은 무엇인가요?

담임 저는 우리 반 모든 학생들이 소중합니다. 그래서 사고 나지 않고 안전하고 평화롭게 학생들이 생활하는 것이 중요합니다.

조정자 민서 친구인 수희에게 물어보겠습니다. 그 일로 지금 어떤 상황이고 어떤 영향을 받고 있나요?

수희 유라가 한 말을 민서에게 전해서 일이 이렇게 된 것 같아 힘들고 괴로워요. 유라 엄마가 저도 같이 학교폭력으로 신고를 해서 화도 나요. 저는 그냥 민서가 하는 행동을 보고 웃음이 나서 웃었을 뿐이에요.

조정자 수희에게 중요한 것은 무엇인가요?

수희 저는 이 일이 잘 해결되어서 옛날처럼 유라하고 민서가 다시 잘 지냈으면 좋겠어요.

조정자 민서 친구인 혜진이에게 물어볼게요, 그 일로 지금 어떤 상황이고 어떤 영향을 받고 있나요?

혜진 유라 엄마가 저도 괴롭혔다고 학교폭력으로 신고했어요. 저는 그냥 민서 옆에서 같이 웃었을 뿐이라 억울하고 힘들어요. 화도 나고 불안해요.

조정자 혜진이에게 중요한 것은 무엇인가요?

혜진   저는 이 일이 빨리 해결되어서 그냥 조용히 학교에 다니고
        싶어요.

❻ 전환점

조정자 자, 이제 이야기를 모두 들어보았는데, 혹시 추가로 말하고
        싶은 게 있나요?

참가자 없어요.

조정자 지금까지 여러분들 사이에 있었던 일로 인해 서로가 주고
        받은 영향과 어려움에 대해 이야기를 들었는데, 서로의 이
        야기를 들으면서 어떤 생각이 드나요? 누가 말해볼래요?

민서   유라에게 미안해요. 그 정도로 힘든 줄 정말 몰랐어요.

조정자 혹시 여기 나온 이야기 중에 잘 몰랐거나 못 느꼈었는데 새
        롭게 생각하게 된 것이 있나요?

유라   저도 민서가 얼굴에 대해 그렇게 생각하는 줄 몰랐어요. 저
        도 미안해요.

조정자 여기 와서 처음 듣고 알게 된 내용이 있나요?

민서   유라가 정신과 치료를 받는 줄 몰랐어요.

조정자 서로가 더 하고 싶은 이야기가 있나요?

참가자 없어요.

조정자 선생님, 혹시 유라와 민서에게 하고 싶은 말씀이 있으신가요?

담임   나는 너희들이 서로 미안한 마음이 있다니까 화해하고 즐
        겁게 학교를 다니면 좋겠어.

3) 쟁점 파악

조정자 선생님이 유라와 민서의 이야기를 들어보니 유라는 민서가 무릎을 꿇리고 머리채를 잡고 흔든 것, "머리도 빼놓고 오지 그러냐?"라고 말하며 비웃은 것, 급식시간에 반찬을 던진 것에 대해 민서에게 사과를 받고 싶어 하는 것 같은데, 맞나요?

유라 네.

조정자 또 민서의 이야기를 들어 보니 민서는 유라가 자신의 얼굴에 대해 말하는 것에 대해 트라우마가 있다는 것을 이해해 주고 못생겼다고 한 것에 대해 사과를 받고 싶어 하는 것 같은데. 맞나요?

민서 네.

조정자 여러분의 그런 마음을 표현하는 시간을 가지면 좋겠어요. 구체적으로 무슨 일 때문에 어떤 점이 미안한지 말하면 좋겠어요.

민서 유라야, 내가 너를 무릎 꿇리고 머리채를 잡아서 미안해. "머리도 빼놓고 오지 그러냐?"라고 말하면서 비웃었던 것도 미안해. 반찬을 던지면서 "먹을 자격도 없다."라고 말해서 미안해. 나는 네가 그렇게 힘든 줄 몰랐어.

유라 나는 네 얼굴이 못생겼다고 뒷담화 해서 미안해.

4) 해결방안 모색

조정자 자신의 약속과 원하는 것을 적어보세요.
(따로 잠시 시간을 주고 각자에게 이렇게 물어볼 수 있다.)

조정자 오늘 대화모임이 공정하게 느껴졌나요? 민서와 친구들은 앞으로 유라와 잘 지내고 다시 불편한 상황이 생기지 않으려면 자신이 할 수 있는 일이 무엇이라고 생각하나요? 유라에게 요청하고 싶은 것이 있나요?

조정자 유라야, 오늘 대화를 통해 불편했던 것이 잘 해결되기 위해 무엇이 이뤄지면 좋겠는지 말해줄래요? 또 서로 잘 지내기 위해 민서에게 요청하거나 구체적으로 만들었으면 하는 약속이 있나요?

관계회복과 평화로운 공동체를 위한 존중의 약속		
관련 학생명	내가 진심으로 원하는 것	나의 약속
유라	민서가 나에게 사과하는 것 친구들과 학교에 재미있게 다니는 것 다시는 민서가 괴롭히지 않는 것	나는 민서의 얼굴에 대해 놀리지 않겠다. 등
민서	유라가 나에게 사과하는 것 친구들과 학교에 재미있게 다니는 것 학폭위에 가지 않고 화해하는 것	나는 앞으로 유라를 괴롭히지 않겠다. 나는 속상한 일이 있으면 말로 하겠다. 등
수희	유라와 민서가 화해하는 것 이 일이 학폭위로 가지 않는 것	나는 앞으로 유라를 괴롭히지 않겠다. 나는 앞으로 친구들의 뒷담화를 하지 않겠다. 등
혜진	유라와 민서가 화해하는 것 이 일이 학폭위로 가지 않는 것	나는 앞으로 민서가 유라를 괴롭히면 말리겠다. 등

※ 존중의 약속 실천을 위해 참여자들의 서명과 실천 기간 안내가 필요함.

5) 합의

조정자 지금 제안한 내용들이 무엇인지 제가 정리해볼게요.

여러분이 제안한 것들인데 이렇게 약속하면 충분할 것 같나요? 혹시 추가할 내용이 있으면 지금 이야기해주세요.

6) 감사와 소감 나누기

조정자 오늘 이 갈등을 풀기 위해 용기내어 자신의 이야기를 하고 존중의 약속까지 함께 만든 여러분이 고맙고 자랑스러워요. 여러분이 만든 이 약속들이 잘 지켜진다면 이번 일로 여러분에게 생긴 불편함이 줄어들 거예요. 일주일 정도 지내보고, 나와 오늘 정한 약속들이 잘 지켜지고 있는지 유라와 민서는 나와 다시 만나 사후 대화모임을 갖도록 할게요.

조정자 끝으로 오늘 대화를 나눈 소감을 한마디씩 해볼까요?

유라부터 말해볼까요?

민서의 소감은 어떤가요?

조정자 고마워요. 선생님도 둘이 화해가 이루어져 예전과 같이 좋은 사이가 될 거라고 믿어요. 그럼 잘 지내고 사후 대화모임에서 만나요.

3. 사후 대화(후속 대화)모임

사후 대화모임은 본 대화모임 이후 일정 기간이 지난 뒤에 진행한다. 본 대화모임의 영향을 파악하고 합의된 약속은 잘 지켜지고 있는가를 파악한다. 잘 지켜질 경우에는 축하와 격려, 칭찬을 해주고 잘 지켜지지 않을 경우에는 원인을 찾아 새로운 약속을 만든다. 사후 대화모임 뒤에 다시 대화모임을 가질 필요가 있는지를 논의한다.

□ 사후 대화모임 진행 방법

---

1) 환영, 서로의 근황 나눔

조정자 다시 만나서 반가워요. 그 동안 어떻게 지냈나요?

유라 지난 번 대화모임 이후로 많이 편안해졌어요. 잠도 조금씩 자고 있어요.

민서 유라에게 사과한 뒤로 저도 조금 편해졌어요.

2) 기본규칙 약속하기, 존중의 약속 내용 확인

조정자 지난 번 본 대화모임에서 정한 존중의 약속 내용을 말해줄 게요.(약속의 내용을 말해준다)

3) 이야기 나누기

조정자 본 대화모임 이후에 어떤 변화들이 있었나요?

유라 학교에 나올 힘이 생겼어요.

민서 학폭위가 열렸지만 유라가 엄마를 설득해서 강제 전학은

가지 않게 되었어요.

조정자 축하할 일들이 많군요.

조정자 유라와 민서가 본 대화모임에서 서로 합의한 존중의 약속
은 잘 지켜지고 있나요?

민서부터 말해볼까요?

유라도 말해보세요.

(잘 지켜지고 있는 경우에는 축하와 격려, 칭찬을 한다.)

※ 존중의 약속이 잘 지켜지고 있다면?

조정자 더 노력하거나 보완해야 할 것이 있다면 무엇인가요?

4) 감사와 마무리

조정자 이번 일을 겪으면서 배운 점이 있으면 이야기해보세요.

민서부터 이야기해볼까요?

유라는 이 일을 통해 무엇을 배웠나요?

(필요하면 향후 일정을 정하여 모임을 지속한다.)

조정자 고마워요. 선생님도 둘이 화해가 이루어져 학교에 다시 다
니게 되어 기뻐요. 앞으로도 계속 잘 지내기를 바랍니다.

※ 존중의 약속이 잘 지켜지고 있지 않다면?

조정자 왜 지켜지지 않는다고 생각하나요?

지키려고 노력했는데 잘 안 되는 것이 있나요?

어떻게 하면 잘 지킬 수 있다고 생각하나요?

새롭게 추가하거나 수정해야 할 약속들이 있나요?

> **4) 점검 및 확인**
>
> **조정자** 그러면 수정 보완된 존중의 약속을 정리해봅시다.
>
> **5) 감사와 마무리**
>
> **조정자** 더 나누고 싶은 이야기가 있으면 해보세요.
>
> 유라부터 나누어볼까요?
>
> 민서, 더 나누고 싶은 이야기가 있나요?
>
> **조정자** 고마워요. 선생님도 둘이 화해가 이루어져 앞으로도 좋은
> 친구가 되었으면 하는 바람입니다.

한 달여 동안 갈등 조정을 위한 회복적 대화모임을 진행하면서 교사와 관련 학생들은 사실 힘들었다. 그렇지만 서로의 마음을 진솔하게 터놓는 순간 비로소 오해가 풀리고 상대방의 입장에 대해 이해하게 되었다. 안전한 공간과 마음을 터놓도록 도와준 회복적 질문이 만들어 낸 결과이다.

갈등은 성장과 배움의 기회

"선생님, 저희들 놀러왔어요."

"어서 와, 중학교에 가서도 둘이 잘 지내는구나! 보기 좋네."

두 학생은 지난 해 가을 학폭위의 당사자들이었다. 담임은 두 학생을 화해시키려고 노력했으나 여의치 않아 김 교사에게 갈등

조정을 부탁하였다. 김 교사는 두 학생들과 3시간 넘게 회복적 대화로 갈등을 조정하였다. 서로가 무엇 때문에 힘들었는지를 쏟아내면서 학생들의 표정은 점점 밝아졌고 나중에는 매우 후련한 얼굴로 교실을 나섰다. 김 교사는 부탁한 선생님께 도움을 주었다는 마음에 기뻤다. 이튿날 아침, 피해자 학생이 어색한 표정으로 찾아왔다. "엄마가 학폭위 해야 된대요." 결국 피해 학생 부모의 요구로 학폭위가 열렸다. 김 교사는 3시간 넘게 갈등조정을 위해 애썼던 노력이 물거품으로 돌아간 것 같아 아쉬웠다.

그런데 오늘 중학교에 진학한 두 학생이 손잡고 모교에 놀러온 것이다. 당시에는 가해자와 피해자였는데, 친구가 되어 놀러온 모습을 보니 학생들의 이야기를 들어주었던 시간이 헛되지 않았다는 생각에 뿌듯했다. 그때 그런 수고를 하지 않았다면 아이들이 저렇게 재잘거리며 웃을 수 있었을까?

그렇다. 학생들은 관계가 깨질 때 학교를 싫어하고 회피하는 등 부적응을 보인다. 반대로 마음을 털어놓아 갈등이 회복되면 학교에 다니고 싶고 살맛이 난다고 한다. 이처럼 갈등을 대화로 전환하는 경험을 하면 갈등은 문제가 아니라 교육적 소재가 되고 성장과 배움의 기회가 된다.

우리 아이들이 학교라는 울타리 안에 있을 때 갈등을 평화적으로 해결하는 경험을 갖게 하자. 그 경험이 학생을 살리고 학교를 살리는 벌새의 물 한 방울이 되어 교육공동체의 숲을 이룰 것이다. 느리게 올지라도 그날은 꼭 온다!

느리게 올지라도 그날은 꼭 와!

작년 가을, 장흥 회진초등학교에서 회복적 생활교육 강의를 마치고 집으로 돌아오던 길이었다. 어둠 속에서 혼자 운전하며 광주를 향하여 가고 있었다. 환한 빛과 함께 톨게이트 요금소가 보였다. 광주에 도착한 줄 알고 통행료를 내기 위해 요금소로 들어선 순간, 남순천 톨게이트 간판이 보였다! 이 밤에 남순천에서 다시 광주로 가야 하다니…. 울고 싶었다.

아무도 가지 않았던 회복적 생활교육의 길을 만들며 전남의 이학교 저 학교를 다녔던 4년의 세월이 떠올랐다. 오라는 곳이 있으면 거리를 묻지도 따지지도 않고 달려가서 회복을 전했던 지난 시간이 스치듯 지나갔다.

통행료를 지불하고 나서 마음을 차분히 가라앉혔다. 이미 엎질러진 물이 아닌가? 길을 다시 되돌릴 수 없으니 느리지만 천천히

갈 수 밖에 없었다. 내비게이션에 다시 우리 집 주소를 손으로 꾹 꾹 눌러 입력했다. 음악을 틀고 볼륨을 낮춘 다음 운전대를 잡고 서서히 출발하였다. 돌아오는 길은 마치 내가 걸어온 회복적 생활 교육의 길처럼 느껴졌다. 느리게 오지만 그날이 꼭 온다는 것을 알게 해준 잊지 못할 일이었다.

정년퇴직을 일 년 앞두고 보니 책을 한 권 쓰고 싶었다. 혼자서 쓰기에는 엄두가 나지 않았다. 회복적 생활교육을 함께 실천하던 연구회 회원 두 분과 함께 책 쓰기를 시작했다.

회복적 생활교육을 실천하며 울고 웃었던 이야기를 풀어 쓰는 동안 힘들지만 기뻤다. 어디선가 이 책을 읽고 살아갈 힘을 얻을 선생님을 생각하면 힘이 났다. 개인적으로는 학교현장에서 실천 해왔던 회복적 생활교육 사례를 정리하는 매우 의미 있는 시간이 기도 했다.

2016년 전남 광주 회복적생활교육실천가 1기 보고서에 썼던 시로 이 오랜 여정을 갈무리한다.

수고했다 내 종아

김민자

분주한 발걸음을 멈추고
감사의 기도를 드립니다.

아프고 피곤할 때 용기를 주시고
괴롭고 외로울 때 위로를 주셨으며
모두를 지켜
큰 사고 없이 여기까지 오게 하심을
감사합니다.

회복을 사랑해 준 사람도 감사하고
회복을 공격해 온 사람도 감사합니다.

때때로 가시를 주셔서
잠든 영혼을 깨워주셨고
눈물짓는 밤도 있었지만

그것 때문에
주님이 우리를 어떻게 만나주셨는지

주님이 우리를 어떻게 용납해주셨는지
배울 수 있었습니다.

앞으로도
평가 판단 비난하지 않고
비교 분석 추측하지 않으며
존중하면서 살 자신 없지만

사랑하는 우리 아이들이 조금이라도
주님이 주신 첫 마음을
회복하게 된다면
우리는 그 아이들의 발 씻는 수고를
기꺼이 감당할 것입니다.

"수고했다 내 종아!"
사랑하는 우리 주님 앞에 섰을 때
그 말씀 한 마디만 들을 수 있다면….

                    - 광주·전남 회복적생활교육 실천가 1기 보고서에서

존 폴 레더락(2018). 『갈등전환』. 대장간.

강현경외 7(2018). 『회복적 생활교육으로 학급을 운영하다』. 교육과 실천.

김태현(2015). 『교사, 수업에서 나를 만나다』. 좋은교사.

김태현(2018). 『교사, 삶에서 나를 만나다』. 에듀니티.

김현수(2015). 『교사 상처』. 에듀니티.

따돌림사회연구모임(2014). 『이 선생의 학교폭력 상담실』. 양철북.

박숙영(2014). 『회복적 생활교육을 만나다』. 좋은교사.

이주영·고흥락(2018). 『회복적 생활교육을 위한 교실상담』. 지식프레임.

전라남도교육청(2019). 『회복적 생활교육 리더 양성과정 Ⅰ』. 한국평화훈련원제공.

전라남도교육청(2019). 『회복적 생활교육 리더 양성과정Ⅱ』. 한국평화훈련원제공.

전라남도교육청(2019). 화해조정지원단 워크숍 자료집.

정진(2017). 『회복적 생활교육 학급운영 가이드북』. 피스빌딩.

한국폭력예방재단(2011), 전국 학교폭력실태조사 보고서, 청소년폭력예방재단.

회복적생활교육연구회(2016). 『회복적 생활교육에 물들다』. 선한교육.

회복적생활교육연구회(2016). 『회복적 생활교육 실천가 1년 연수과정 보고서』. 선한교육.

회복적생활교육연구회(2017). 『회복적 생활교육 실천가 1년 연수과정 보고서』. 선한교육.

도나힉스(2018). 『관계를 치유하는 힘 존엄』. 검둥소.

빅터 프랭클(2017). 『죽음의 수용소에서』. 청아출판사.

빅터 프랭클(2017). 『삶의 의미를 찾아서』. 청아출판사.

츠지 신이치(2008). 『벌새 물 한 방울』. 코이노니아.

파커. J 파머(2014). 『가르칠 수 있는 용기』. 한언출판사.

맥스 루케이도 글. 세르지오 마르티네즈 그림(2002). 『너는 특별하단다』. 고슴도치.

박정섭(2016). 『감기 걸린 물고기』. 사계절.

R. J. 팔라시오(2018). 원더. 책콩.

이현주. 권수정(2014). 초등학생의 따돌림 경험이 따돌림 동조에 미치는 영향에 관한 논문. 한국콘텐츠학회.

이혜영(1999). 학생의 집단따돌림 및 괴롭힘 현상에 대한 대책연구에 대한 논문, 한국교육개발원.

이찬열(2019. 8. 15) 교원들의 심리상담과 법률지원상담 이용 횟수에 대한 국회 교육위원회 국정감사자료.

D. Olweus, "Annotation: bullying at school based intervention program," Journal of Child Psychology and Psychiatry, Vol.35, pp.1171-1190, 1994.

SK텔레콤 '연결의 파트너-시각장애인 스키 선수 편' 광고

김승일(2014). 야식배달부영상, You raise me up. SBS 스타킹 TV SHOW.

교육부·이화여자대학교 학교폭력예방연구소(2020). 『학교폭력 사안처리 가이드북』

전라남도교육청(2020). 『학교폭력 사안처리 절차』

삶의 행복을 꿈꾸는 교육은 어디에서 오는가?

교육혁명을 앞당기는 배움책 이야기 혁신교육의 철학과 잉걸진 미래를 만나다!

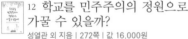

● 비고츠키 선집 시리즈 발달과 협력의 교육학 어떻게 읽을 것인가?

 생각과 말
레프 세묘노비치 비고츠키 지음
배희철·김용호·D. 켈로그 옮김 | 690쪽 | 값 33,000원

 도구와 기호
비고츠키·루리야 지음 | 비고츠키 연구회 옮김
336쪽 | 값 16,000원

 어린이 자기행동숙달의 역사와 발달 I
L.S. 비고츠키 지음 | 비고츠키 연구회 옮김
564쪽 | 값 28,000원

 어린이 자기행동숙달의 역사와 발달 II
L.S. 비고츠키 지음 | 비고츠키 연구회 옮김
552쪽 | 값 28,000원

 어린이의 상상과 창조
L.S. 비고츠키 지음 | 비고츠키 연구회 옮김
280쪽 | 값 15,000원

 비고츠키와 인지 발달의 비밀
A.R. 루리야 지음 | 배희철 옮김 | 280쪽 | 값 15,000원

 정서학설 I
L.S. 비고츠키 지음 | 비고츠키 연구회 옮김
584쪽 | 값 35,000원

 수업과 수업 사이
비고츠키 연구회 지음 | 196쪽 | 값 12,000원

 비고츠키의 발달교육이란 무엇인가?
비고츠키교육학실천연구모임 지음 | 412쪽 | 값 21,000원

 비고츠키 철학으로 본 핀란드 교육과정
배희철 지음 | 456쪽 | 값 23,000원

 성장과 분화
L.S. 비고츠키 지음 | 비고츠키 연구회 옮김
308쪽 | 값 15,000원

 연령과 위기
L.S. 비고츠키 지음 | 비고츠키 연구회 옮김
336쪽 | 값 17,000원

 의식과 숙달
L.S. 비고츠키 | 비고츠키 연구회 옮김
348쪽 | 값 17,000원

 분열과 사랑
L.S. 비고츠키 지음 | 비고츠키 연구회 옮김
260쪽 | 값 16,000원

 성애와 갈등
L.S. 비고츠키 지음 | 비고츠키 연구회 옮김
268쪽 | 값 17,000원

 흥미와 개념
L.S. 비고츠키 지음 | 비고츠키 연구회 옮김
408쪽 | 값 21,000원

 관계의 교육학, 비고츠키
진보교육연구소 비고츠키교육학실천연구모임 지음
300쪽 | 값 15,000원

 비고츠키 생각과 말 쉽게 읽기
진보교육연구소 비고츠키교육학실천연구모임 지음
316쪽 | 값 15,000원

 교사와 부모를 위한 비고츠키 교육학
카르포프 지음 | 실천교사번역팀 옮김
308쪽 | 값 15,000원

 혁신교육, 철학을 만나다
브렌트 데이비스·데니스 수마라 지음
현인철·서용선 옮김 | 304쪽 | 값 15,000원

 혁신교육 존 듀이에게 묻다
서용선 지음 | 292쪽 | 값 14,000원

 다시 읽는 조선 교육사
이만규 지음 | 750쪽 | 값 33,000원

대한민국 교육혁명
교육혁명공동행동 연구위원회 지음
224쪽 | 값 12,000원

 경쟁을 넘어 발달 교육으로
현광일 지음 | 288쪽 | 값 14,000원

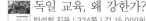 **독일 교육, 왜 강한가?**
박성희 지음 | 324쪽 | 값 15,000원

 핀란드 교육의 기적
한넬레 니에미 외 엮음 | 장수명 외 옮김
456쪽 | 값 23,000원

 한국 교육의 현실과 전망
심성보 지음 | 724쪽 | 값 35,000원

교과서 밖에서 만나는 역사 교실 상식이 통하는 살아 있는 역사를 만나다

전봉준과 동학농민혁명
조광환 지음 | 336쪽 | 값 15,000원

남도의 기억을 걷다
노성태 지음 | 344쪽 | 값 14,000원

응답하라 한국사 1·2
김은석 지음 | 356쪽·368쪽 | 각권 값 15,000원

즐거운 국사수업 32강
김남선 지음 | 280쪽 | 값 11,000원

즐거운 세계사 수업
김은석 지음 | 328쪽 | 값 13,000원

강화도의 기억을 걷다
최보길 지음 | 276쪽 | 값 14,000원

광주의 기억을 걷다
노성태 지음 | 348쪽 | 값 15,000원

선생님도 궁금해하는
한국사의 비밀 20가지
김은석 지음 | 312쪽 | 값 15,000원

걸림돌
키르스텐 세룹-빌펠트 지음 | 문봉애 옮김
248쪽 | 값 13,000원

역사수업을 부탁해
열 사람의 한 걸음 지음 | 388쪽 | 값 18,000원

진실과 거짓, 인물 한국사
하성환 지음 | 400쪽 | 값 18,000원

우리 역사에서 사라진
근현대 인물 한국사
하성환 지음 | 296쪽 | 값 18,000원

꼬물꼬물 거꾸로 역사수업
역모자들 지음 | 436쪽 | 값 23,000원

즐거운 동아시아사 수업
김은석 지음 | 240쪽 | 값 15,000원

노성태, 역사의 길을 걷다
노성태 지음 | 324쪽 | 값 17,000원

교과서 밖에서 배우는 역사 공부
정은교 지음 | 292쪽 | 값 14,000원

팔만대장경도 모르면 빨래판이다
전병철 지음 | 360쪽 | 값 16,000원

빨래판도 잘 보면 팔만대장경이다
전병철 지음 | 360쪽 | 값 16,000원

영화는 역사다
강성률 지음 | 288쪽 | 값 13,000원

친일 영화의 해부학
강성률 지음 | 264쪽 | 값 15,000원

한국 고대사의 비밀
김은석 지음 | 304쪽 | 값 13,000원

조선족 근현대 교육사
정미량 지음 | 320쪽 | 값 15,000원

다시 읽는 조선근대 교육의 사상과 운동
윤건차 지음 | 이명실·심성보 옮김 | 516쪽 | 값 25,000원

음악과 함께 떠나는 세계의 혁명 이야기
조광환 지음 | 292쪽 | 값 15,000원

논쟁으로 보는 일본 근대 교육의 역사
이명실 지음 | 324쪽 | 값 17,000원

다시, 독립의 기억을 걷다
노성태 지음 | 320쪽 | 값 16,000원

한국사 리뷰
김은석 지음 | 244쪽 | 값 15,000원

경남의 기억을 걷다
류형진 외 지음 | 564쪽 | 값 28,000원

어제와 오늘이 만나는 교실
학생과 교사의 역사수업 에세이
정진경 외 지음 | 328쪽 | 값 17,000원

우리 역사에서 왜곡되고 사라진
근현대 인물 한국사
하성환 지음 | 348쪽 | 값 18,000원

통하는 공부
김태호·김형우·이경석·심우근·허진만 지음
324쪽 값 15,000원

내일 수업 어떻게 하지?
아이함께 지음 | 300쪽 | 값 15,000원
2015 세종도서 교양부문

인간 회복의 교육
성래운 지음 | 260쪽 | 값 13,000원

교과서 너머 교육과정 마주하기
이윤미 외 지음 | 368쪽 | 값 17,000원

수업 고수들
수업·교육과정·평가를 말하다
박현숙 외 지음 | 368쪽 | 값 17,000원

도덕 수업, 책으로 묻고 윤리로 답하다
울산도덕교사모임 지음 | 320쪽 | 값 15,000원

체육 교사, 수업을 말하다
전용진 지음 | 304쪽 | 값 15,000원

교실을 위한 프레이리
아이러 쇼어 엮음 | 사람대사람 옮김
412쪽 | 값 18,000원

마을교육공동체란 무엇인가?
서용선 외 지음 | 360쪽 | 값 17,000원

교사, 학교를 바꾸다
정진화 지음 | 372쪽 | 값 17,000원

함께 배움
학생 주도 배움 중심 수업 이렇게 한다
니시카와 준 지음 | 백경석 옮김 | 280쪽 | 값 15,000원

공교육은 왜?
홍섭근 지음 | 352쪽 | 값 16,000원

자기혁신과 공동의 성장을 위한
교사들의 필리버스터
윤양수·원종희·장군·조경삼 지음 | 280쪽 | 값 14,000원

함께 배움 이렇게 시작한다
니시카와 준 지음 | 백경석 옮김 | 196쪽 | 값 12,000원

함께 배움 교사의 말하기
니시카와 준 지음 | 백경석 옮김 | 188쪽 | 값 12,000원

교육과정 통합, 어떻게 할 것인가?
성열관 외 지음 | 192쪽 | 값 13,000원

학교 혁신의 길, 아이들에게 묻다
남궁상운 외 지음 | 272쪽 | 값 15,000원

미래교육의 열쇠, 창의적 문화교육
심광현·노명우·강정석 지음 | 368쪽 | 값 16,000원

주제통합수업,
아이들을 수업의 주인공으로!
이윤미 외 지음 | 392쪽 | 값 17,000원

수업과 교육의 지평을 확장하는 수업 비평
윤양수 지음 | 316쪽 | 값 15,000원
2014 문화체육관광부 우수교양도서

교사, 선생이 되다
김태은 외 지음 | 260쪽 | 값 13,000원

교사의 전문성, 어떻게 만들어지나
국제교원노조연맹 보고서 | 김석규 옮김
392쪽 | 값 17,000원

수업의 정치
윤양수·원종희·장군 지음 | 280쪽 | 값 14,000원

학교협동조합,
현장체험학습과 마을교육공동체를 잇다
주수원 외 지음 | 296쪽 | 값 15,000원

거꾸로 교실,
잠자는 아이들을 깨우는 수업의 비밀
이민경 지음 | 280쪽 | 값 14,000원

교사는 무엇으로 사는가
정은균 지음 | 292쪽 | 값 15,000원

마음의 힘을 기르는 감성수업
조선미 외 지음 | 300쪽 | 값 15,000원

작은 학교 아이들
지경준 엮음 | 376쪽 | 값 17,000원

아이들의 배움은 어떻게 깊어지는가
이시이 준지 지음 | 방지현·이창희 옮김
200쪽 | 값 11,000원

대한민국 입시혁명
참교육연구소 입시연구팀 지음 | 220쪽 | 값 12,000원

교사를 세우는 교육과정
박승열 지음 | 312쪽 | 값 15,000원

전국 17명 교육감들과 나눈 교육 대담
최창의 대담·기록 | 272쪽 | 값 15,000원

들뢰즈와 가타리를 통해 유아교육 읽기
리세롯 마리엣 올슨 지음 | 이연선 외 옮김
328쪽 | 값 17,000원

학교 민주주의의 불한당들
정은균 지음 | 276쪽 | 값 14,000원

프레이리의 사상과 실천
사람대사람 지음 | 352쪽 | 값 18,000원
2018 세종도서 학술부문

혁신학교, 한국 교육의 미래를 열다
송순재 외 지음 | 608쪽 | 값 30,000원

페다고지를 위하여
프레네의 『페다고지 불변요소』 읽기
박찬영 지음 | 296쪽 | 값 15,000원

노자와 탈현대 문명
홍승표 지음 | 284쪽 | 값 15,000원

선생님, 민주시민교육이 뭐예요?
염경미 지음 | 244쪽 | 값 15,000원

어쩌다 혁신학교
유우석 외 지음 | 380쪽 | 값 17,000원

미래, 교육을 묻다
정광필 지음 | 232쪽 | 값 15,000원

대학, 협동조합으로 교육하라
박주희 외 지음 | 252쪽 | 값 15,000원

입시, 어떻게 바꿀 것인가?
노기원 지음 | 306쪽 | 값 15,000원

촛불시대, 혁신교육을 말하다
이용관 지음 | 240쪽 | 값 15,000원

라운드 스터디
이시이 데루마사 외 엮음 | 224쪽 | 값 15,000원

미래교육을 디자인하는 **학교교육과정**
박승열 외 지음 | 348쪽 | 값 18,000원

흥미진진한 아일랜드 전환학년 이야기
제리 제퍼스 지음 | 최상덕·김호원 옮김 | 508쪽 | 값 27,000원
2019 대한민국학술원우수학술도서

폭력 교실에 맞서는 용기
따돌림사회연구모임 학급운영팀 지음
272쪽 | 값 15,000원

그래도 혁신학교
박은혜 외 지음 | 248쪽 | 값 15,000원

학교는 어떤 공동체인가?
성열관 외 지음 | 228쪽 | 값 15,000원

교사 전쟁
다나 골드스타인 지음 | 유성상 외 옮김
468쪽 | 값 23,000원

시민, 학교에 가다
최형규 지음 | 260쪽 | 값 15,000원

교육과정, 수업, 평가의 일체화
리사 카터 지음 | 박승열 외 옮김 | 196쪽 | 값 13,000원

학교를 개선하는 교장
지속가능한 학교 혁신을 위한 실천 전략
마이클 폴란 지음 | 서동연·정효준 옮김 | 216쪽 | 값 13,000원

공자던, 논어는 이것이다
유문상 지음 | 392쪽 | 값 18,000원

교사와 부모를 위한
발달교육이란 무엇인가?
현광일 지음 | 380쪽 | 값 18,000원

교사, 이오덕에게 길을 묻다
이무완 지음 | 328쪽 | 값 15,000원

낙오자 없는 스웨덴 교육
레이프 스트란드베리 지음 | 변광수 옮김
208쪽 | 값 13,000원

끝나지 않은 마지막 수업
장석웅 지음 | 328쪽 | 값 20,000원

경기꿈의학교
진흥섭 외 지음 | 360쪽 | 값 17,000원

학교를 말한다
이성우 지음 | 292쪽 | 값 15,000원

행복도시 세종,
혁신교육으로 디자인하다
곽순일 외 지음 | 392쪽 | 값 18,000원

나는 거꾸로 교실 거꾸로 교사
류광모·임정훈 지음 | 212쪽 | 값 13,000원

교실 속으로 간 **이해중심 교육과정**
온정덕 외 지음 | 224쪽 | 값 13,000원

교실, 평화를 말하다
따돌림사회연구모임 초등우정팀 지음
268쪽 | 값 15,000원

학교자율운영 2.0
김용 지음 | 240쪽 | 값 15,000원

학교자치를 부탁해
유우석 외 지음 | 252쪽 | 값 15,000원

국제이해교육 페다고지
강순원 외 지음 | 256쪽 | 값 15,000원

선생님, 페미니즘이 뭐예요?
염경미 지음 | 280쪽 | 값 15,000원

평화의 교육과정 섬김의 리더십
이준원·이형빈 지음 | 292쪽 | 값 16,000원

학교를 살리는 회복적 생활교육
김민자·이순영·정선영 지음 | 256쪽 | 값 15,000원

수포자의 시대
김성수·이형빈 지음 | 252쪽 | 값 15,000원

교사를 위한 교육학 강의
이형빈 지음 | 336쪽 | 값 17,000원

혁신학교와 실천적 교육과정
신은희 지음 | 236쪽 | 값 15,000원

새로운학교 학생을 날게 하다
새로운학교네트워크 총서 02 | 408쪽 | 값 20,000원

삶의 시간을 잇는 문화예술교육
고영직 지음 | 292쪽 | 값 16,000원

세월호가 묻고 교육이 답하다
경기도교육연구원 지음 | 214쪽 | 값 13,000원

혐오, 교실에 들어오다
이혜정 외 지음 | 232쪽 | 값 15,000원

미래교육, 어떻게 만들어갈 것인가?
송기상·김성천 지음 | 300쪽 | 값 16,000원
2019 세종도서 교양부문

혁신교육지구와 마을교육공동체는 어떻게 만들어지는가?
김태정 지음 | 376쪽 | 값 18,000원

교육에 대한 오해
우문영 지음 | 224쪽 | 값 15,000원

선생님, 특성화고 자기소개서 어떻게 써요?
이지영 지음 | 322쪽 | 값 17,000원

혁신교육지구 현장을 가다
이용운 외 4인 지음 | 344쪽 | 값 18,000원

학생과 교사, 수업을 묻다
전용진 지음 | 344쪽 | 값 18,000원

배움의 독립선언, 평생학습
정민승 지음 | 240쪽 | 값 15,000원

혁신학교의 꽃, 교육과정 다시 그리기
안재일 지음 | 344쪽 | 값 18,000원

교육혁신의 시대
배움의 공간을 상상하다
함영기 외 지음 | 264쪽 | 값 17,000원

학습격차 해소를 위한 새로운 도전
보편적 학습설계 수업
조윤정 외 지음 | 225쪽 | 값 15,000원

서울의 마을교육
이용윤 외 지음 | 352쪽 | 값 18,000원

물질과의 새로운 만남
베로니차 파치니-케처바우 지음 | 240쪽 | 값 15,000원

평화와 인성을 키우는 자기우정
따돌림사회연구모임 우정팀 지음 | 240쪽 | 값 15,000원

미래교육을 열어가는 배움중심 원격수업
이윤서 외 지음 | 332쪽 | 값 17,000원

● **살림터 참교육 문예 시리즈** 영혼이 있는 삶을 가르치는 온 선생님을 만나다!

꽃보다 귀한 우리 아이는
조재도 지음 | 244쪽 | 값 12,000원

선생님이 먼저 때렸는데요
강병철 지음 | 248쪽 | 값 12,000원

성깔 있는 나무들
최은숙 지음 | 244쪽 | 값 12,000원

서울 여자, 시골 선생님 되다
조경선 지음 | 252쪽 | 값 12,000원

아이들에게 세상을 배웠네
명혜정 지음 | 240쪽 | 값 12,000원

행복한 창의 교육
최창의 지음 | 328쪽 | 값 15,000원

밥상에서 세상으로
김흥숙 지음 | 280쪽 | 값 13,000원

북유럽 교육 기행
정애경 외 14인 지음 | 288쪽 | 값 14,000원

우물쭈물하다 끝난 교사 이야기
유기창 지음 | 380쪽 | 값 17,000원

시험 시간에 웃은 건 처음이에요
조규선 지음 | 252쪽 | 값 15,000원

오천년을 사는 여지
염경미 지음 | 272쪽 | 값 16,000원

다정한 교실에서 20,000시간
강정희 지음 | 296쪽 | 값 16,000원

더불어 사는 정의로운 세상을 여는 인문사회과학 사람의 존엄과 평등의 가치를 배운다

밥상혁명
강양구 · 강이현 지음 | 298쪽 | 값 13,800원

좌우지간 인권이다
안경환 지음 | 288쪽 | 값 13,000원

도덕 교과서 무엇이 문제인가?
김대용 지음 | 272쪽 | 값 14,000원

민주시민교육
심성보 지음 | 544쪽 | 값 25,000원

자율주의와 진보교육
조엘 스프링 지음 | 심성보 옮김 | 320쪽 | 값 15,000원

민주시민을 위한 도덕교육
심성보 지음 | 500쪽 | 값 25,000원
2015 세종도서 학술부문

민주화 이후의 공동체 교육
심성보 지음 | 392쪽 | 값 15,000원
2009 문화체육관광부 우수학술도서

교과서 밖에서 배우는 인문학 공부
정은교 지음 | 280쪽 | 값 13,000원

갈등을 넘어 협력 사회로
이창언 · 오수길 · 유문종 · 신윤관 지음
280쪽 | 값 15,000원

오래된 미래교육
정재걸 지음 | 392쪽 | 값 18,000원

동양사상과 마음교육
정재걸 외 지음 | 356쪽 | 값 16,000원
2015 세종도서 학술부문

대한민국 의료혁명
전국보건의료산업노동조합 엮음 | 548쪽 | 값 25,000원

교과서 밖에서 배우는 철학 공부
정은교 지음 | 280쪽 | 값 14,000원

교과서 밖에서 배우는 고전 공부
정은교 지음 | 288쪽 | 값 14,000원

교과서 밖에서 배우는 사회 공부
정은교 지음 | 304쪽 | 값 15,000원

전체 안의 전체 사고 속의 사고
김우창의 인문학을 읽다
현광일 지음 | 320쪽 | 값 15,000원

교과서 밖에서 배우는 윤리 공부
정은교 지음 | 292쪽 | 값 15,000원

카스트로, 종교를 말하다
피델 카스트로 · 프레이 베토 대담 | 조세종 옮김
420쪽 | 값 21,000원

한글 혁명
김슬옹 지음 | 388쪽 | 값 18,000원

일제강점기 한국철학
이태우 지음 | 448쪽 | 값 25,000원

우리 안의 미래교육
정재걸 지음 | 484쪽 | 값 25,000원

한국 교육 제4의 길을 찾다
이길상 지음 | 400쪽 | 값 21,000원
2019 세종도서 학술부문

왜 그는 한국으로 돌아왔는가?
황선준 지음 | 364쪽 | 값 17,000원
2019 세종도서 교양부문

마을교육공동체 생태적 의미와 실천
김용련 지음 | 256쪽 | 값 15,000원

공간, 문화, 정치의 생태학
현광일 지음 | 232쪽 | 값 15,000원

교육과정에서 왜 지식이 중요한가
심성보 지음 | 440쪽 | 값 23,000원

인공지능 시대의 사회학적 상상력
홍승표 지음 | 260쪽 | 값 15,000원

식물에게서 교육을 배우다
이차영 지음 | 260쪽 | 값 15,000원

동양사상과 인간 그리고 사회
이현지 지음 | 418쪽 | 값 21,000원

왜 전태일인가
송필경 지음 | 236쪽 | 값 17,000원

장자와 탈현대
정재걸 외 지음 | 424쪽 | 값 21,000원

한국 세계시민교육이 나아갈 길을 묻다
유네스코태평양 국제이해교육원 지음 | 260쪽 | 값 18,000원

놀자선생의 놀이인문학
진용근 지음 | 380쪽 | 값 185,000원

**코로나 시대,
마을교육공동체 운동과 생태적 교육학**
심성보 지음 | 280쪽 | 값 17,000원

포스트 코로나 시대, 예술과 정치
현광일 지음 | 288쪽 | 값 16,000원

평화샘 프로젝트 매뉴얼 시리즈 학교폭력에 대한 근본적인 예방과 대책을 찾는다

학교폭력 어떻게 만들어지는가
문재현 외 지음 | 300쪽 | 값 14,000원

아이들을 살리는 동네
문재현·신동명·김수동 지음 | 204쪽 | 값 10,000원

학교폭력, 멈춰!
문재현 외 지음 | 348쪽 | 값 15,000원

평화! 행복한 학교의 시작
문재현 외 지음 | 252쪽 | 값 12,000원

왕따, 이렇게 해결할 수 있다
문재현 외 지음 | 236쪽 | 값 12,000원

마을에 배움의 길이 있다
문재현 지음 | 208쪽 | 값 10,000원

젊은 부모를 위한 백만 년의 육아 슬기
문재현 지음 | 248쪽 | 값 13,000원

별자리, 인류의 이야기 주머니
문재현·문한뫼 지음 | 444쪽 | 값 20,000원

우리는 마을에 산다
유양우·신동명·김수동·문재현 지음
312쪽 | 값 15,000원

동생아, 우리 뭐 하고 놀까?
문재현 외 지음 | 280쪽 | 값 15,000원

누가, 학교폭력 해결을 가로막는가?
문재현 외 지음 | 312쪽 | 값 15,000원

**코로나 19가 앞당긴 미래,
마을에서 찾는 배움길**
문재현 외 지음 | 308쪽 | 값 16,000원

남북이 하나 되는 두물머리 평화교육 분단 극복을 위한 치열한 배움과 실천을 만나다

10년 후 통일
정동영·지승호 지음 | 328쪽 | 값 15,000원

선생님, 통일이 뭐예요?
정경호 지음 | 252쪽 | 값 13,000원

분단시대의 통일교육
성래운 지음 | 428쪽 | 값 18,000원

김창환 교수의 DMZ 지리 이야기
김창환 지음 | 264쪽 | 값 15,000원

한반도 평화교육 어떻게 할 것인가
이기범 외 지음 | 252쪽 | 값 15,000원

포괄적 평화교육
베티 리어든 지음 | 강순원 옮김 | 252쪽 | 값 17,000원

창의적인 협력 수업을 지향하는 삶이 있는 국어 교실 우리말 글을 배우며 세상을 배운다

**중학교 국어 수업
어떻게 할 것인가?**
김미경 지음 | 340쪽 | 값 15,000원

토론의 숲에서 나를 만나다
명혜정 엮음 | 312쪽 | 값 15,000원

토닥토닥 토론해요
명혜정·이명선·조선미 엮음 | 288쪽 | 값 15,000원

인문학의 숲을 거니는 토론 수업
순천국어교사모임 엮음 | 308쪽 | 값 15,000원

어린이와 시
오인태 지음 | 192쪽 | 값 12,000원

수업, 슬로리딩과 함께
박경숙 외 지음 | 268쪽 | 값 15,000원

언어던
정은균 지음 | 268쪽 | 값 15,000원
2019 세종도서 교양부문

민촌 이기영 평전
이성렬 지음 | 508쪽 | 값 20,000원

감각의 갱신, 화장하는 인민
남북문학예술연구회 | 380쪽 | 값 19,000원

참된 삶과 교육에 관한 생각 줍기